すれちがい親子
承認メソッド

おうち
エニアグラム

おうち受験コーチング
鈴木詩織／日本エニアグラム学会

みらい PUBLISHING

はじめに　～「エニアグラム」を知り、子どもと自分を慈しみましょう

こんにちは！　おうち受験コーチング代表の鈴木詩織です。

本日は、この書籍を手に取ってくださりありがとうございます。

前著『おうち受験コーチング』（みらいパブリッシング）を世に出してから、早いものでもう2年近くが経ってしまいました。前著では、小中高校生のお子さんに、3か月でトップ校合格レベルの学習習慣が身につく「おうち受験®メソッド」を公開しました。

この本は多くの方が手に取ってくださり、わが子のために、ご自身の生徒のために、「おうち受験®メソッド」を活用されています。「おうち受験®メソッド」は、「エニアグラム」の知恵をベースに、コーチングと学習科学の知見を組み合わせたオリジナルなもので、すでに何千人という親子が実践済みの方法です。

前著を読まれた方から、エニアグラムの部分を「もっと知りたい！」というお声をたくさんいただきました。

エニアグラムの知恵は、受験だけでなく、親子関係に悩む保護者や、子どもに関わる仕事をされている方の助けになります。

そこで今回、日本エニアグラム学会のご協力のもと、親子関係に特化したエニアグラムの本を出させていただくことになりました。

この本のベースとなっているのは、日本エニアグラム学会の公開ワークショップ、昼の定例会「ファミリー」の内容です。すでにご自身のタイプが分かっている大人の方が、過去どんな子どもだったのか、どんなふうに世界を感じていたのか、親のことをどう見ていたのか、といったことを語りながら、それぞれのタイプの理解を深めていく内容となっています。昼の定例会は、毎回涙なしに語れないくらい感動的な話が多く、それぞれのタイプの子どもたちが、一生懸命に生きていた瞬間瞬間がありありと目の前に現れるような、そんな素敵な集まりです。

本書は、その温かい雰囲気を残しつつ、貴重な体験談をたくさん盛り込んだ、素晴らしい本になりました。多くの体験談の中から、皆さまのお役に立てる、ご自身のご家族と似た事例を見つけることができるでしょう。また、普段見ることのできない、他人の心のうちをのぞき込むことで、人のことがよりよく分かるようになり、周囲の方とのコミュニケーションも一層楽になっていくことでしょう。

わが子のことが大切なのに、「何度言っても伝わらない」「わが子のことが分からない」。私のところには、そんなお悩みを持つ保護者の方が毎日たくさんご相談にいらっしゃいます。親が思う以上に、子どもは「分かっている」かもしれない、そして、こんなふうにお母さん・お父さんのことを見ている、そういうことを、良い形でお伝えできればと思い、今回このような書籍にまとめさせていただきました。

子どもに関わるすべての方、また、ご自身の中の子どもの部分を慈しみたいすべての方に、この書籍を贈ります。

目次

2 エニアグラム診断で自分と相手のことがもっと分かる！ 25

4

親としてのあなたはどんなタイプ? 気をつけたいことは? 151

5 すれちがい親子でも認め合える！ エニアグラムの知恵

1

親と子でまったく違う!?
エニアグラムで
初めて分かる
タイプ別の世界観

親子なのに、どうして分かり合えないの⁉

親子だから、分かり合える。生まれた時からずーっと一緒にいるから、わが子のことは私が一番よく分かっている。そんなふうに思っている保護者の方は多いのではないでしょうか？

「私はこうしてもらうと嬉しいから、わが子も同じことをされると嬉しいはず」と、自分の感覚であたりをつけたり、「男の子だし、きっとこういうのは好きじゃないよね」と決めつけたりしていることは、ありませんか？

実は、自分の子どもであっても、親（自分）と同じ価値観を持っているわけではありません。「人はみんな違う」「親と子どもは別人格だ」ということは知っていますが、どこがどのように違うのかということについては、意外と知られていません。

積極的な親（子）もいれば、おとなしい子（親）もいます。

考えてから行動しようとする親（子）もいれば、まずはやってみようとする子（親）もいます。

問題があった時に何とかなると思う親（子）もいれば、とてもあわてる子（親）もいます。

　エニアグラムは、親と子との性格の違いや価値観の違いに気づき、子どもを受け入れ、親子の信頼関係を作るために役立つ学びです。また、子どもの性格が分かることで、子どもの特性に気づき、子どもの個性や能力を伸ばしていくこともしやすくなります。

　親は時として親心から「○○のように育ってほしい」「苦労しないために○○のようになってほしい」「○○にはならないでほしい」などと思い、そのように育てようとします。

　多くの場合は、自分がしてきたように、あるいはしてこなかったように子育てをするかもしれませんが、ひょっとしたら、子どもは自分とは違う「種」だという可能性もありま す。同じような水のかけ方や日の当て方では、うまく育たないかもしれません。

　その「種」（子ども）に合った声のかけ方ができれば、その子らしくスクスクと育ちます。反対に、自分の思うように育たないからと焦り、自分が思っている方法をより強化してしまうと、子どもを苦しい状況に追いやるかもしれません。

　むしろ、親が子育てを楽しみながらできたら、子どもも自分のありのままを親が楽しんでくれたら、それこそが幸せなのではないでしょうか。それは、子どもの心の安定にもつながり、その子らしく生きられることにつながるでしょう。

　そのためには、まず、自分を知ること、子どもを知ることです。「己を知り敵を知れば百戦危うからず」との言葉があります。

子どもは、敵でもなければ、子育ては戦いでもないかもしれませんが、もしそのように考えることができたら、自分や子どものことを深く知ることが本当に大切だと思えてくるのではないでしょうか。

エニアグラムとは?

この本では、エニアグラムをベースに性格の違いや価値観の違いを書いています。エニアグラムは、人は9つのタイプに分けられるという「性格類型論」です。エニアグラムは、ギリシャ語で、エニアは「9」グラムは「図形」を意味します。

9つの点を持った円と、正三角形と変六角形を組み合わせた図形のことで、古代ギリシャ以前から、宇宙万物の真理を表わす象徴として使われてきたという説が有力です。20世紀の後半になって、人間の心理や性格を理解する有効な道具として研究が進められてきました。(左記図参照)

「9つに本当に分かれるのか?」「人を型にはめる考え方なのか?」などいろいろな思いもあるかと思います。しかし、30年以上活動をしてきている日本エニアグラム学会の経験から、エニアグラムはかなり人のことを正確に表していると確信しています。

その証拠に、現在複数の転職サイトで自分の適職や適性を見つけるヒントとして、また個別指導の学習塾、社内の管理者研修などでも、人の特性にあわせたアプローチのヒントのためにエニアグラムが利用されています。

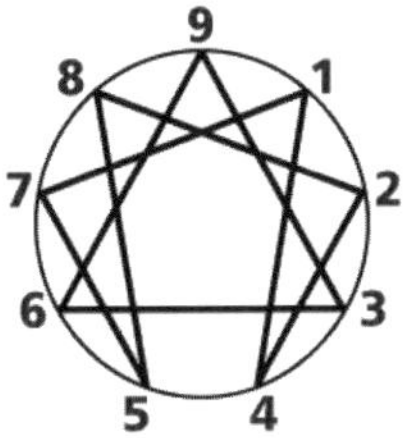

エニアグラムを学ぶ目的

エニアグラムでは、自分を理解することを出発点として、他者を理解し、人間関係や生き方をより望ましいものにすることを知ります。

親子関係でいえば、親と子どもの性格や特性、価値観、幸福観の違いを知り、信頼し合える親子関係になることを目的としています。

親自身の特性を知る　―　子どもの特性を知る
―　―
自分らしさを受け入れる　―　子どもの特性を肯定し伸ばす
―　―
親としての成長　―　子どもとの信頼関係

タイプに優劣はなく、誰もが素晴らしい本質を持つと言われています。
エニアグラムの知恵を活かし、親も子もともに自分らしく成長することを目指しましょう。

特性が違うから相性はある

子に特性があるように親にも特性がありますから、そのためどうしても子どもとの相性は出てきます。親が思うように動いたり考えたりする子どももいれば、そうならない・できない子どももいます。

例えば、もっと丁寧に字を書いてほしい、積極的に自分からグループに入っていってほしい、できないことをリストアップして改善してほしい、もっとテキパキ動いてほしい、そんなふうにお子さんに感じることはありませんか？

何度言っても期待したことができるようにならないと、「私は簡単にできるのに、この子ができないのは、この子の努力が足りないのでは？」と思っていませんか？

親の思った通りにならない・できないのは、悪いことなのでしょうか？そんなことはありません。

親はそのことを心配だと思っても、子どもにも、そうならない・できないことへの言い分や感じていることがあるのです。

子どもの言い分や感じていることが分かるために、まずは、自分の価値観は何かを知ることです。

自分の価値観が分かることで、自分は子どもになぜそのようになってほしいと思うのかが分かってきます。

他方、子どもがなぜそうならないか（できないか）が分かるためには、「子どもの価値観は何か」を知ることが重要です。

子どもの価値観が分かることで、子どもはなぜそうならないか（できないか）が分かってきます。

つまり、自分と子どもが別人格であること、感じ考えていることが違うのだということが分かるでしょう。

別人格であるからこそ お互いを知ることが大切

子どもの価値観が分かるというのは、その価値観に賛成したり、ご自身も同じように感じたりするようにしなければならないということではありません。自分が子どもの意見や考えをどう感じたか、と同感的に聞くのではなく、「あなたはそのように思うのですね。」と、相手の

同感
ボク、パトカーが好きなんだ
パトカー、かっこいいよね！ママも好き
共感
わたし、ネコがかいたい
そっかー、○○ちゃんはネコが飼いたいんだねー

感じ方を理解する共感的な聞き方をしましょう。

自分の特性を知り、子どもの特性を知ることにより、共感的に話を聞いたり、適切なアドバイスをしたりすることができるようになります。

そのことは、子どもとの信頼関係につながり、真に子どもの成長をサポートすることになります。

この本の構成と活用方法

第1章では、初めに、ご自身のタイプを見つけるためのチェック票と、タイプについての詳しい解説を掲載しています。

自分のタイプを知るためには、普段の言動や考え方のベースにある、深い内面を見ていく必要があります。これまでのご経験の中で、自分の内面を見つめる機会がたくさんあった方もいらっしゃれば、あまりやってこなかった方もいらっしゃると思います。

チェック票は、皆さんがご自身の内面を深く見ていくための手がかりになるように作っています。チェック票への回答を手がかりに、各タイプの説明と自分を照らし合わせながら、どのタイプか探っていってください。

なぜなら、タイプを9つに分けているのは動機になりますが、エニアグラムでいう動機は、日常的に言っている動機よりも、もう少し深い（無意識の）レベルのものになります。タイプの解説は、ご自身や子どものタイプの理解を深めるヒントになります。

まずは自分と家族のタイプから始め、子どもの友達、その親、学校や習い事の先生、親戚の子どもや自分の親、兄弟姉妹なども見ていくことで、自分と子どもとの関わり方に対して客観的な視点を持つことができ、子育てにさらに活かせるようになります。

その時に気をつけていただきたいのは、「どのタイプであるか」というのは本人が決めるということです。

「あなたはこのタイプでしょ」「あなたはこのタイプではないと思う」と、相手に対してご自身で思われることはいいですが、決して相手にそれを伝えないようにしましょう。あくまで、ご自身が「この方はこのタイプかな、であればこのように接するともっとうまくいくかもしれない」と、考えるヒントとしてご活用ください。

第2章では、子どもにあらわれるタイプの特徴を書いています。子どものタイプ別の長所の伸ばし方や、困った行動への対処法、子ども時代のエピソードなどを記載しています。子どものタイプに合わせて寄り添うことができるようになります。

第3章では、親のタイプ別の特徴や、親として陥りがちな傾向を解説しています。

第4章では、子どもと親の組み合わせによる対応法を記載しています。タイプの違う親子の行動や心のズレを解説し、どのように対応すればいいのかを解説しています。

気になるところから読んでいただいても結構ですし、順番に読んでいただいても結構です。ご自身のタイプだけでなく、他のすべてのタイプを見ることで、ご自身やお子さんのこと、ひいてはご自身を取り巻く人間関係すべてをより良く理解し、より上手に他者と関係を築けるようになります。

また、エニアグラムの知恵は、すべての人間関係、夫婦関係や職場の人間関係などにも活かすことができます。何度も読んでいただくことで、ご自身と、ご自身を取り巻く方たちのことがより分かるようになり、人間関係もより円滑になっていくことでしょう。

2

エニアグラム診断で
自分と相手のことが
もっと分かる！

【2】

(A) 1つ目の質問でAを選 択した人は、以下の3つの中から一番近いと思うものを選んでください。

●自分にしか感じられない心の揺れや感情を敏感に受けとめ、大事にする。感受性豊かで表現力があり、手の届かないものにあこがれる。(4)

●頭で考え、冷静に状況を観察し、理路整然と筋道を立てて考えようとする分析家。洞察力と革新性に富み、多くの知識を溜めこむ傾向がある。(5)

●ゆったりのんびりとした自分のペースを守り、落ち着きを保つ。平和で円満な日常を肯定し、人をなごませる雰囲気を持ち、粘り強さもある。(9)

(B) 1つ目の質問でBを選択した人は、以下の3つの中から一番近いと思うものを選んでください。

●周囲からの良い評価を得るために、スマートに効率よく結果を出そうとする。見映えを気にかけ、人の才能や強みを発見し、動機づける。(3)

●好奇心旺盛で、興味のあることに次々と飛びつくノリのよい楽天家。自由を好む。社交的で人と気軽に付き合い豊富なアイデアで楽しませる。(7)

●裏表なく正しいと思ったことは、ズバリと言える。度量が大きく、頼りがいのある親分肌。物事に対して曖昧さよりも白黒をつけることを好む。(8)

(C) 1つ目の質問でCを選択した人は、以下の3つの中から一番近いと思うものを選んでください。

●自分なりの基準を持ち、理想を目指して真面目にコツコツと努力を続ける勤勉家。正しさや公平さ、完璧であることにこだわろうとする。(1)

●人の役に立ち、助けられることはないかと相手を気遣う情の深い人。自分のことは後回しにしてでも相手のために尽くそうと親切にふるまう。(2)

●集団での仲間意識が強く、自分に求められている役割を献身的に果たそうとする。ルールや規則を遵守し、周りに気を配る。不安感が強い。(6)

エニアグラムのタイプは、全部で9つあります。A,B,C の選択肢のそれぞれの中の最後の番号がご自身のタイプの可能性があります。ただ、自分の内面を知ることは難しく、自分で思っている自分と本当の自分がずれることはよくあります。ご自身が選択した番号(タイプ)を手掛かりに、自分のタイプを探っていっていただければと思います。

こちらのサイトでも診断していただけます。
日本エニアグラム学会
Yes /No チャート式タイプチェック
http://bit.ly/3KqfKcW

A エニアグラム診断で自分のタイプを知ろう

質問群が2つあります。それぞれ3つの選択肢がありますので、その中のどれが一番自分に近い感じがするか、一番近いと思うものを選んでください。考えすぎないで選ぶようにしてください。

【1】最初の質問群の 3 つ（A,B,C）の中で、自分がこれまでの生活・人生の多くの場合にとるであろう態度や行動を選んでください。

A 人との集まりに身を置いていても、気持ちは自分の内面に向かい、様子見をしたり黙っていたりすることが多い。人から離れた「自分の世界」を大事にしようとする。
多くの場合に、一人でいることをあまり苦にしない。

B 自分の欲求や希望を実現するために、自ら行動し、獲得しようとする。
自分の意見がはっきりしていて、必要と思えば周囲に伝えることに抵抗がない。
言ったとおりにならなかったとしても、言うことを譲れない感覚がある。言わなかったことの方が後悔する感覚である。

C 人として、仲間として「こうあるべきだ」と感じ、周囲との調和やバランスを優先する。その場に応じた振る舞いや、自分の役割を果たすことについ目がいく。
自分のやりたいことをするよりも、みんなに合わすことの方が性にあっている。ナンバー2になる方が性にあっている感覚である。

(B) 1 つ目の質問で B を選択した人は、以下の３つの中から一番お子さんに近いと思うものを選んでください。

●成功したい、注目を浴びたいという気持ちが人一倍強い。成功や人から賞賛されるイメージが持てることは頑張る一方、結果が見えにくい、成功イメージが持てないものは手をださない傾向がある。文化祭や体育祭などでは、目立つ役割をしたがる方である。（3）

●くよくよ悩むことがあまりなく、楽しいことが好きで、根っから明るい雰囲気を持っている。あまり努力しなくてもなんでも器用にこなすように見える。興味が次々と移り変わり、一つのことに固執しない。クラスでは、人気者になることも多い。（7）

●曲がったことが嫌いで、率直で意志を貫こうとする強さがある。集団に入るとリーダーとなって仕切りたがる、もしくはいつの間にか仕切っていることが多い。仲間と思っている人たちを徹底的に守ろうとする。クラスでは、ボス的な存在になることが多い。（8）

(C) 1 つ目の質問で C を選択した人は、以下の３つの中から一番お子さんに近いと思うものを選んでください。

●多くの人がやっていることに合わせようとせず、独自の感性を大切にする。感受性が強く繊細で、理解してもらえなかったと感じると心を閉ざすことがある。ちょっとしたことで感情が揺れ動く。（4）

●知的好奇心が強く、興味のあることはとことん調べたり人に聞いたりして、大人顔負けの知識を持つようになる。自分が知っていることを、その内容に興味を持ってくれる人には話して聞かせたり情報交換したりするのが好き。一人の時間を持つことを大切にしている。（5）

●周りが焦っていても動じずに、のんびりマイペースに行動することが多い。一緒にいると癒されるような穏やかな雰囲気をまとっている。争いごとが嫌いで、自分の意見はあまり言わないか、求められて初めて話す。ただし、あまり主張することはない。（9）

エニアグラムのタイプは、全部で９つあります。A,B,C の選択肢のそれぞれの中の最後の番号がお子さんのタイプの可能性があります。ただ、お子さんの内面をすべて知ることは難しく、親が思っていることとお子さんのタイプがずれることはありますので、決めつけず長い目でお子さんのタイプを探っていっていただければと思います。

こちらのサイトでも診断していただけます。

B エニアグラム診断で子どものタイプを知ろう

大人向けの診断と同じく、質問群が２つあります。それぞれ３つの選択肢がありますので、その中のどれが一番お子さんに近い感じがするか、一番近いと思うものを選んでください。考え過ぎないで選ぶようにしてください。

大人の方に読んでいただく前提で書いておりますが、中学生以上のお子さんの場合は、自分で選んでもらっても良いです。６歳未満などお子さんが小さく、特徴が分かりにくい場合、選びにくいことがあります。その場合は、もう少し大きくなってから、再度選んでいただくと良いでしょう。

【1】最初の質問群の ３ つ（A,B,C）の中で、お子さんのこれまでの様子から、当てはまるであろう態度や行動を選んでください。

A　先生や親からは、良い子と思われることが多い。本人もそう思われるように先生や親の期待を先回りして行動することがある。

B　クラスや友達の輪の中では､その中心になりやすい方である。友達などの交友･交流範囲も広い方である。

C　ひとりでいる時間をあまり苦にしない方である。どちらかというと自分の内面の世界を大切にしている感じがある。

【2】（A）１つ目の質問で A　を選択した人は、以下の３つの中から一番お子さんに近いと思うものを選んでください。

●細かいことによく気がつき、違う・間違っていると感じたことは直そうとする。自分にも他人にも厳しく、怒りの感情を溜めこんでしまうことがある。大人があれこれ言わなくてもやるべきことを行い、しっかりしていて手がかからない方である。（１）

●自分のことは後回しで、人のお世話を焼いていることがある。相手が何をして欲しいのかを敏感に汲み取り、相手が喜ぶことをしようとする。人に合わせて行動することが多いので､その見返りとして､感謝されたいとの思いも強く持っている。（２）

●集団から外れるようなことはしないようにしているので、その集団のルールやきまりを守ろうとする。心配性で、同じことを何度も確認したりすることもある。また、先々のことをあまり起きそうもないことも含めて、あれこれと考えて不安がることがある。（６）

それぞれのタイプを知ればお互いがもっと分かり合える！

ここから、それぞれのタイプの特徴を示していきます。

診断で出た結果と照らし合わせながら、ご自身のタイプを探してみてください。読まれて、一番しっくりくるタイプがご自身のタイプです。

タイプ1 改革する人
常に高みを目指して改革し続ける努力家

タイプ1は、自分の置かれた状況をより良くするため、精いっぱいのエネルギーを自分自身とそれに関わるものに注ぎこみます。なぜなら、毎日調和の取れていない不協和音に満ちた生活を体験していると感じているからです。

あらゆる事柄に自分の理想とする尺度を持っているので、自分なりの基準で周囲も自己の内的世界も秩序立てようと努めます。あらゆるものを何も間違いがないように統制したがり、完璧を求めます。

一方、自分が描く「あるべき姿」から離れていると憤慨し、自分にも他人に対しても厳格で批判的になります。「◯◯すべきである」という強迫観念に近い思いこみは、自分も周囲も窮屈に息苦しくさせます。

タイプ1は理想主義を抱き、けじめをつけるところがあるため、良心的で道徳的価値観を持って世の中を改革していく、自制心に富んだ努力家でもあります。

【外から見た印象】

きちんとしていて堅いところがある

細かいところに気がつき、丁寧に仕事をする

常に緊張していて、強いエネルギーを内に秘めている

【コミュニケーションの傾向】

礼儀正しく丁寧できちんとした対応を心がけ、他者に分けへだてなく接しようとします。

一方、褒め下手で、自分の正しさに頑なに固執する態度は、相手に緊張感と堅苦しさを与えることがあります。

怒りをあらわにしたり、不満を他者にぶつけたりすることは、人として正しくないと思っているので、無意識のうちに不満や怒りを抑えこもうと身体を緊張させます。しかし、その憤りははっきりと周囲に伝わってしまいます。

【長　所】

・几帳面で丁寧　・細部に目が届く　・分別、節度がある　・一貫性がある
・高い理想を持つ　・正義感が強い　・努力家　・まじめ　・最後までやり通す
・忍耐力がある・　一生懸命に取り組む　・客観的　・倫理的　・合理的
・向上心　・自己を律する　・自制的　・TPOをわきまえた行動をする
・責任感が強い　・礼儀正しい　・きちんとしている　・高潔　・公平公正
・正直　・率直　・公明正大　・良心的　・裏切らない

タイプ2

人を助ける人
お世話好きな保護者

タイプ2は、何か困っている人がいると、すぐにその人のそばに行って手を貸そうとします。親切で、温かく、心細やかなので、困ったり悩んだりしている人には救いの手を差し伸べずにはいられません。いつも「人を助けてあげたい」「必要を満たしてあげたい」という気持ちで行動しています。自分に良い感情を持ってもらうために、自分の欲求や欲望は犠牲にして、他人の面倒を見ようとします。

しかし相手がそれを必要としないと分かると、落ちこみ、自分の行為に対して感謝されないと怒ります。時に他の人に愛を注ぎ、その代償として自分を愛してもらおうとします。

タイプ2は、心が通じ合うこと、コミュニケーションがうまくいくことが、人間関係でとても大切だと考えています。人のためになりたいという気持ちが強く、人の役に立とうとします。私心を見せず、深い思いやりを持って、人を無条件に愛することができる人です。

【外から見た印象】

お世話好きで社交的、明るい

お話し好きで、人とのつながりを大切にする

愛嬌がある

【コミュニケーションの傾向】

人からの好意が得られるように、相手が望ましいと思い描いているものに合わせて自分を変えていきます。自分の欲求は脇に置いて、自分からの一方通行的な親近感で相手との人間関係作りを進めます。相手との心理的距離が比較的近く、感じ良く、親しげににこやかに接します。

一方、相手から感謝の気持ちが感じられないと、相手を責め、怒りをあらわにすることもあります。

【長　所】

・やさしく親切で思いやりがある　・愛情深い　・愛情豊か　・感受性が豊か

・親身になる　・面倒見がいい　・世話好き　・物事を肯定的に見る

・明るく社交的　・表情豊か　・人懐こい　・気前がいい　・心こまやか

・コミュニケーションをうまく取る　・人を勇気づける　・行動力があり気が利く
・人のニーズに敏感　・気配りができる　・愛他主義　・自己犠牲　・奉仕する

タイプ3

達成する人
明るくチームをまとめる成功者

タイプ3は、いつもハッキリした目的、目標を持っていて、その達成のためにはどうしたら良いかを考えています。そのため、失敗を極度に怖れるので、成功がおぼつかないものは極力避けようとします。

自分のまわりにいる人たちの持つ才能をパッと見抜き、やる気にさせ、みんなを励まして目標の達成へと導く優れたリーダーやボスになって、組織力を発揮します。

時間を有効に使い、あらゆることを効率的にしようとします。自分の可能性を開花させ、開発させたい傾向が強く現れます。自信に満ち、野心的で、積極的に世の中へ出て行きます。また、有能で適応力があり、人の手本となるような実際的な人でもありますが、時に人からの評価を気にするあまり臨機応変になりすぎて、その場しのぎの言動になることがあります。

【外から見た印象】

明るく、ポジティブ
人を元気にし、チームを上手にまとめることができる
テキパキと行動し、無駄なことをせずに成果をつかめる

【コミュニケーションの傾向】

スマートで明るく、感じの良い笑顔でコミュニケーションします。自分の話をよくしますが、その中に少しだけ、自分の自慢と取れるような話が盛りこまれることがあります。人に対してあたりが柔らかく、人の気持ちを大事にしつつも、自分が人からどう見えるかを常に意識しています。話題が豊富で、多くの人を魅了する話し方ができます。

【長　所】

・効率的に物事をこなす　・決断が早い　・目標設定が得意　・先を読む　・活動的
・人を動機づけるのが得意　・企画力がある　・実行力がある　・柔軟志向
・実際的　・適応力が高い　・計画を立てるのが得意　・段取り上手　・合理的

・スマート　・人の能力を見抜く　・組織化する　・向上心がある　・情熱的
・リーダーシップが取れる　・ポジティブに努力できる　・人の気持ちに敏感
・人を惹きつける　・負けず嫌い

タイプ4

個性的な人
オンリーワンの世界を生きるロマンチスト

タイプ4は、何かにつけて個人的に受けとめ、個人的に表現しようとします。ユニークで創造的、自分の中の感動を大切にします。芸術的で行動的でもあり、平凡であること・人と同じであることを好まない傾向があります。感受性が鋭く、人の気持ちに対してとても敏感です。一人ひとりの持つ個性や雰囲気の素晴らしさに、素早く気づきます。

個人主義的・自己探求的で、自分に対して極めて正直です。大きなグループには入りたがらず、限られた範囲の、自分を理解している人たちと特別に深いつながりを持ちたいと思っています。

一方で、自分は他人から理解されていないという不満を持っており、他人を嫉妬し羨望する傾向もあります。
タイプ4は、自分の感動を大切にし、その感動を広い意味での芸術的な方法で表わそうとします。自分自身の気持ちや好みに焦点を当て、その体験を特別なものにできる人です。

【外から見た印象】

感受性が強く繊細
気高く止まっているように見え、神秘的で何を考えているのか分かりにくい
独特のセンスを持っていて、個として統一された印象がある

【コミュニケーションの傾向】

自分のことを本当に理解してくれる人は少ないと感じているので、大きなグループには入りたがらず、少人数のグループや自分と心が通じる人とだけ、特別に深いつながりを持ちたいと思っています。
感受性が鋭く、人の気持ちに対してとても敏感です。一人ひとりの持つ個性や雰囲気の素晴らしさに、素早く気づきます。
自分の心に正直で内省的であるあまり、社会との折り合いをつけることに苦悩します。

【長　所】

・自分に正直　・感情の率直さ　・優雅さ　・繊細な感情　・ロマンティスト
・美的センスがある　・美的意識が高い　・感受性豊か　・感性が鋭い
・感動を大切にする　・感動を深く味わう　・純粋　・個性的な表現をする
・上品　・神秘的　・共感力がある　・優しい　・自分の感情や他者の感情に敏感

タイプ5

調べる人
自分の世界で理屈を組み立てる研究者

タイプ5は、物事をじっくりと考え、データを集め、慎重に行動します。いろいろなことを調べる研究者タイプと言ってもよく、何かことを進めるにあたっては、まず思考を使い情報を重視しますが、あまり実際的でない傾向が見られます。好きなことには興味を示し深く追求しますが、自分から積極的にその知識を分け与えたり、自分の考えを表現したりしようとはしません。

自分が直接関わるよりも、傍観者・観察者の役割を果たすことを好みます。一人でいられる時間と場所を大事にし、沈黙していることが多いので、周囲はしばしば当惑します。何かの分野で専門家になり、時には価値ある独創的な着想を生み出します。

タイプ5は、自分の興味の対象を追究するあまり、身のまわりのことには気が回らず、人との関係を犠牲にしても考え、学びや知識を蓄積しようとします。明晰な思考で洞察力に富み、未来を見通すことができる人でもあります。

【外から見た印象】

物知りでたくさんの知識や情報を持っている
思慮深く、一歩引いて全体を見渡せる
一人でいる時間が長く、穏やかで落ち着いている

【コミュニケーションの傾向】

まわりから迫ってくる力に対して、自主性を維持するために、他人と一定の距離を保とうとして引き下がります。自分の内面を見せることを極力避け、情報交換だけしようとする態度が社交性のなさと映ることがあります。

自分から話しかけることは少ないのですが、知識を共有したいと思う相手には、よく話します。

【長　所】

・探求心がある　・慎重に行動する　・冷静で客観的・分析力　・博識
・理解力がある　・本質を見抜く　・俯瞰力がある　・洞察力がある　・着眼点が鋭い
・着想力が豊か　・専門性がある　・観察力が鋭い・多面的視野を持つ　・知的好奇心
・研究熱心　・概念形成する　・静かで控えめ

タイプ6

忠実な人
忠実に役割を果たす組織の潤滑油

タイプ6は、真面目・誠実であることを大切にし、まわりと仲良くしたいという気持ちを人一倍強く持っています。彼らは、何ごとに対しても忠実で誠実であり、責任感が強く、互いに支え合うシステムや方法で、協力的に、一生懸命に働きます。あらゆる場面で、誤ったことをしてしまうのではないかという不安の感情を持ち、その不安の感情に対処するために、自分の外側にあるものに頼ろうとします。

規則や規範を尊び、何かのグループに属し、権威ある人物に従順で、組織から命じられたことは忠実に実行しようとします。また、安全を確かめてから行動をするため慎重な姿勢は崩しません。

タイプ6は普段は親しげで、期待に答えようとしています。ただ、何か事が起こると、信頼に応えようと勇気を持って自分や仲間を擁護する人でもあります。

【外から見た印象】

明るく人あたりが良い

真面目で、決まったことは必ず守ろうとする

慎重で、丁寧に物事を進める

【コミュニケーションの傾向】

安全への欲求が人一倍強いので、自分の所属する組織や仲間や家族に対しては、誠実に接し、家族や友人を大切にします。人懐こく、親しげにコミュニケーションを取り、他者を気遣います。

一方、仲間外れになることを恐れて、人の動きをよく見ていて、人が嫌な思いをしないように配慮します。

【長　所】

・献身的　・義務を果たす　・約束を守る　・責任感が強い　・常識的　・まじめ
・律儀・誠実・人懐こい　・協力的　・勤勉　・家族や友人を大切にする　・情け深い
・危機管理能力がある　・気遣う　・努力　・やさしく思いやりがある　・親身になる
・物腰が柔らかい　・愛嬌がある　・後輩などの面倒見がいい

タイプ7

熱中する人
明るく社交的な、人生を楽しむ達人

タイプ7は、人生を楽しく明るく過ごしたいという人です。熱中した陶酔感を大切にします。いろいろなことをやっていたいと考えており、人生には多様性があってほしいと望んでいます。

聡明で明るく、ざっくばらんでくつろいだ感じを好み、未来について計画を立てたり、夢を追ったりするのが大好きです。苦しい時でも将来を楽観的に考え、あまり愉快でないことも何となく楽しいものにしてしまいます。自分を縛りつけることが嫌いで、いつも明るく陽気に振る舞いながら人生を楽しみ、それを他人と共有したいと望んでいます。

反面、苦しみやつらさをできる限り回避しようとし、ともすれば深刻な場面や嫌なことを避けようとするため、次から次へと興味を持ったものに手を出し、やや落ち着きに欠けるところがあります。

タイプ7は、可能性に満ちた世界に焦点を合わせ、喜びや感謝による充足感を味わう人でもあります。

【外から見た印象】

明るく行動的なムードメーカー

いつも笑顔でいろいろな人と付き合える

ざっくばらんで面白く、調子が良い

【コミュニケーションの傾向】

限定された関係より大勢の中で、他人も自分も楽しめる場作りに精を出し、広く浅い交友関係を築く傾向があります。みんなと一緒に楽しもうとするので、誰にでも気軽に話しかけられます。

元気に陽気にふるまい、場を盛り上げ、早口でしゃべる傾向があります。人を信じたい気持ちが強く、他人の意図的な利用行為に気づかないお人好しの部分があります。

【長所】

・楽観的　・楽天的　・ポジティブ・オープン　・陽気　・面白い　・話題が豊富
・場を盛り上げる　・活発　・社交的　・軽やか　・スピーディー
・人に元気を与える　・臨機応変　・機転が利く　・多芸多才　・万能選手
・冒険心　・行動力　・未来志向　・現実的　・実利的　・将来の楽しい計画を立てる

タイプ8
挑戦する人
エネルギッシュなリーダー

タイプ8は、自己主張が強く、自分で決めることを志向します。そのため、他人には頼らず、正しいと思ったことをどんどん押し進めていきます。自分の弱さを見せたがらず、自然に備わった力で人を引きつけ、場を盛り上げます。強烈な体験を好み、挑戦し、困難を克服することで、自分は生きていると感じます。
物事を決定する力があり、いつも自信に満ちあふれ、弱い者や自分を頼ってくる人を助けようとする反面、対立する人、自分に挑んでくる人を排除しようとします。力によってまわりに影響を与え、人を動かすことを好み、時には強引に自分の言い分を押し通します。
タイプ8は、本能的に直感が鋭く、単純・明快・率直です。不正は断固として許さず、好き嫌いがはっきりしています。度量が大きく、勇気があり、自制心を持った強い人でもあります。

【外から見た印象】

人情味に溢れ裏表がない
困難な時も人一倍努力をする
はっきりとしていて、白黒をつけたがる

【コミュニケーションの傾向】

他人との対話では、対決をも厭わず激論を交わすことで相手の真意や本音を読み取り、信頼の有無や主導権が取れるかどうかを試します。本音で語り合うことを良しとし、はっきりとしたものの言い方をしようとします。

エネルギッシュで自信のある雰囲気があり、自分が守るべきだと判断した人（多くの場合は弱い人）のことを徹底的にかばいます。

【長　所】

・決断力　・難局に立ち向かう　・権威を恐れない　・果敢に挑戦する　・本音を表明
・統率力がある　・率直　・バイタリティ　・頼りになる　・度量が大きい
・親分肌、姉御肌　・自信家　・正直　・正義感　・白黒はっきりしている　・大胆
・面倒見が良い　・独立心　・力強い　・直感力　・無邪気　・パワフル
・因習に捉われない　・腹をくくる

タイプ9　平和をもたらす人
周囲との調和を保ち、周りを安心させる人

タイプ9は、落ち着いてゆったりとした安定感があります。平和を愛し、人と争うのが嫌いなため、周囲を穏やかにすることができます。

いろいろと忙しくすることがありますが、内側では落ち着きを保っています。平和に、円満に暮らすことを好み、自分からことを起こすよりも、起こってくることに沿っていこうとします。他人に対しても自らの価値判断をすることがないため、様々な人と一緒にいることができますが、人に合わせすぎて自分のことを主張しない傾向があります。

内面での静けさを保っていたいと思っているので、葛藤や不快な状況は好きではなく、そうした状況に遭うと、避けようとするか、無関心になります。

けれども、一旦動き出せば大きな力を発揮するのがタイプ9の特徴です。その時には想像力やビジョンを表出して、長い時間エネルギーを持続することができます。

タイプ9は、物事を切り替えたり、新規に始めたりするよりは、順当に起伏なく過ごす方が性に合います。基本的に辛抱強く穏健ですが、時にダイナミックな存在感のある人でもあります。

【外から見た印象】

何でも受け止めてくれる
穏やかで、落ち着いている
ゆっくりで、自分のペースを崩さない

【コミュニケーションの傾向】

穏やかで落ち着いていたいので、いつも温かく朗らかな雰囲気を醸し出します。

周りの人とのつながりを大事にするので、自分の意見を言うことを控えがちです。

争いが起こっている時は、双方の意見を聞き、両者を受け入れていく調停役を果たします。

あくせくせず、ゆったりとした態度で人と接します。

【長　所】

・人を受容する　・心穏やか　・落ち着いている　・素朴　・控えめ
・泰然自若　・人を支える　・物事を肯定的に捉える　・あくせくしない
・穏やか　・温厚　・朗らか　・のんき　・調停できる　・優しい　・気さく
・平和を好む　・ルーチンをこなす　・地道　・気取りがない　・安定している
・忍耐強い　・堅実　・争わない　・鷹揚　・共感的　・寛容的　・縁の下の力持ち
・つながりを大事にする

3

エニアグラムで分かる！
子どもの特性と
能力の伸ばし方

タイプ1 良い子のキチンとさん

【特徴】

他人からは「ちゃんとしてる」「ちゃんとできている」ように見えることでも、自分では完全ではないと思って自己批判をしがちです。努力や振り返り（反省）をしながら、できていないことを克服しようとします。

結果よりもプロセス（過程）を大切にしていて、努力することは当たり前と思っています。親や大人からの期待に対し、それ以上のことをする必要や責任を感じることが多く、今よりもっと努力をして、良い子にならなければいけないと思う傾向があります。さらに自分自身の中に指針やルールを作り上げ、自分で決めた規則をきちんと守り、努力をしていこうとします。

人から責められない（間違いを指摘されない）ように、様々なことに気を配り、楽しみを求めたり、利己的であったり、子どもらしい振る舞いをすることには罪悪感を持ってし

まうので、それらを我慢することが多いです。
自分に厳しいだけでなく、ルールを守らない友人に対しても不満を抱え非難することがあります。

【長所の伸ばし方】

一般的に「良い子」と言われる性格の特徴である「一生懸命、真面目、努力する」などは、まさにこのタイプの子どもの特性と言えます。できて当たり前という感覚が子ども自身にあるので、真面目さを褒められてもあまり喜びを感じないかもしれません。いつも自分が正しく完全であることを求めているので、褒め言葉をそのまま素直に受け取れず「いやいや、まだまだだめだ」という気持ちになりがちです。

本当にしっかりと取り組み頑張ったと自分でも感じていて、目に見えて良い結果が出た時であれば「本当に頑張ったものね～」「よくやったね～」と褒めてもらえるのは、嬉しく感じるでしょう。

結果よりプロセスを大事に思うので、頑張っている様子をちゃんと見ていること、コツコツと努力したこと、やり終えるまでの途中の頑張りを認めることが励みになります。

また、自分の好き嫌いを言ったり、あれがしたいこれがしたいと言ったりすることはわがままだと感じ、好きなことは「やるべきことをやってからでないとできない」と思う傾向があります。

このタイプの子へは、「ホントはどっちがいいの？」「あなたの本音を聞かせて」など、その子が思っていても口に出せないでいることを、引き出してあげることが必要です。「間違ってはいけない」と、頑なに思いがちなタイプなので、我慢して出せなかった不満や怒りを親に受けとめてもらえると、リラックスすることができ、他者にも心から優しく接することができるようになるでしょう。

タイプ1の子に必要なのは、信頼して「決定権」を持たせてくれる大人です。


【困った行動／親の関わりのポイント】

◇一つひとつに時間がかかりすぎる、頑張りすぎてしまう

努力家で小さな誤りが許せず、一つひとつ丁寧に時間をかけてやろうとするところがあります。100やってきてねと伝えると、120やってくるような子どもです。

そんな子どもに「間違えないように」「もっと頑張れ」「やればできる」というメッセージを送ると、本人をさらに追いこんでしまう可能性があります。

本人の中にすでにその言葉があるので、親から言われるとずっとそのことに囚われてしまい、上手にできないと情けなく感じることがあります。できた時にしっかり認めることが、子どもの自信につながります。

◇相手への不満を言っている、相手を正そうとする、非難する

クラスメイトや友達に（時には大人にも）、重箱の隅をつつくように、彼らの不出来を指摘することがあります。それが執拗な時は、本人が疲れているか、何か重責を抱えている時かもしれません。

「きちんと・ちゃんと」というキーワードがいつも心と頭を占めていて気を抜くのが難しいのです。

そのような様子に気づいたら、子どもの考えや気持ちを聞いてあげてください。不満や怒りを我慢して溜めず、出してあげられることが大切です。

その上で、「あなたにはあなたの正しさがあるように、他の人にもそれぞれの正しさがある」「お母さんはこう思う」など、いろんなものの見方や考え方があり、正解は一つではないと思えるように話をすることで視点が広がります。

◇イライラしているように見える、我慢しているように見える

人に言われたことを、批判された否定されたと受け取ることがあります。そんな時、本当は怒りや不満や疑問に思っているのに、それを出さないように抑えていることがあります。

「何かあった？」「何か、我慢してることがあるんじゃない？」と、子どもの感じた不満や疑問をそのまま温かく受けとめて聞いてあげてください。イライラを外に出すことはいけないことと思いがちな子どもなので、親の前で吐き出せることは、とても大事なことなのです。

真面目に考えすぎる傾向がありますので、気分転換の方法を伝えたり、実際に外に連れ出し、身体を一緒に動かすことも効果的です。

【欲しい言葉】

タイプ1の子は、「自分には欠点があり、ちゃんとできないとだめだ」と感じているので、最も深い願望は「不完全な自分を愛してもらえること」です。

・良くやってるよねぇ
・今のままでも、十分頑張ってるよ
・好きなようにしても、大丈夫だよ
・努力していたのを知っているよ
・我慢してないかな、不満があったらいつでも聞くよ

【実例①】自分の意志を貫き通したい

◇子ども時代、どんなお子さんでしたか？

自分の意見をはっきり持っていました。

小1の時、高学年のお姉さんたちと、迷い猫の世話に夢中になったことがあります。父はその子たちと猫を嫌って遊ばないようにと言いました。でもそこに「明確な理由がなく、単に父の好き嫌いだ」ということを感じ、無視して関わり続けました。

どの学年でもそうでしたが、大概は教師からの評価は良かったです。

快活で授業や課題に積極的であり、最後までやり通す子どもでした。

中学生の時、各クラスで模造紙1枚分の新聞を作るコンクールがありました。放課後最後の仕上げに誰も残らず、一人で担任の似顔絵を描いて記事の埋め合わせをしたことがあります。私もこの企画は参加したくなかったけれど、提出だけはどうしてもしなければならないと感じた記憶があります。

◇親の接し方で、傷ついたこと・嬉しかったこと

傷ついたというよりは、嫌だった記憶はあります。それは自分の思うようにさせてもらえなかったこと。

服装、進学、就職について口を出されて、特に父とはよく対立しました。

◇かけてほしかった言葉

高3の春休み、帰宅すると、3日後の予定だった引っ越しがなぜか始まっていました。引っ越しをしなければならないことは分かってはいましたが、あまりの理不尽さに泣きました。ひとこと「急に決まって悪かった」という言葉と、どうしてもこの日でなければならなかった合理的な理由を聞きたかったです。

【実例②】クラス一の優等生

◇子ども時代、どんなお子さんでしたか?

就活の時の履歴書の中の「自分の長所」という項目欄に、悩みながらも「明るい性格・元気」と書いた記憶があります。「これが長所になるのか?」「こんな回答でいいのか?」と疑問に思ったけれども、他に自分らしい言葉が見つからずにそのように書いてしまったので、よく覚えています。「真面目」は、自分にとって当たり前すぎて、長所に書くようなことではないと思い、書かなかったのです。

小学校中学校でも、「長所は?」と聞かれて、やはり「明るいところ」という答え方をしていたように思います。そして今、こうしてそのことを考えてみると、それはタイプ7

の母の影響であったかもしれないなとも思っています。

今、自分なりに客観的に子ども時代の自分を思い返してみると、真面目な優等生タイプ。先生の言うことは１００％正しい。小中学校はそのくらいの感覚だったと思います。できないのは自分が悪いから。

洋服に関しては、「絶対に嫌だ！」と反抗して譲らなかった記憶が二度ほどあります。

一度目は母の手作りの朱に近い赤一色の短めのワンピース。小学校の2、3年くらいだったでしょうか。手作りということもあり、どうしても着せたかった母に、どうしても「うん」と言えない自分が必死で抵抗したのを覚えています。

二度目は高校生の時のオーバーコート。ふっくらした可愛い系のオーバーコートを勧める母。安いものではないので、それなりに母の言うことを聞かねばならないのだろうと思いながらも、私が選んだのは黒とグレーのチェック柄で色も形もシンプルなオーバーコート。自分が選んだオーバーコートの方がいいというのもあるけれども、母が選んだ可愛い感じのオーバーコートを毎日着たくないのが本音です。その場では決まらず持ち越して、随分もめた記憶があります。

こうして思い返してみると、記憶していることはだいたいが反抗した時のことという気がします。反抗すること自体が自分の中ではいけないことのようで、それで覚えている。裏を返せば、基本は親に従い良い子でいなければならなかったのだと思います。

◇親の接し方で、傷ついたこと・嬉しかったこと

思い出の中で嬉しかったことは、本当になかなか出てこないです。

本当は楽しかったであろう夏のイベントも、楽しかった情景は出てこないです。三家族くらいで海へ一泊のキャンプへ。昔なら本当に大イベントです。でも覚えているのは夜大雨になり、テントに水が入って車へ移動したことだけ。また、家族みんなで車で3時間半くらいかけて夏の海の砂浜へ！ なのに、覚えているのは、車に弱い私はやはり車酔いをしてしまい、「あなたが車酔いさえしなければもっとあちこち出かけられるんだけどねぇ」と言われたこと。また車酔いしなかった時に、「ほら、車酔いしないとこんなに楽しいでしょ」と言った母の言葉も覚えています。

父とのことで覚えているのは、小学校3・4年生くらいの時の漢字テストで私が100点を取ってきた時のことです。しっかりとした漢字テストだったたと思います。「100点取った！」と言った私の答案用紙を「どれどれ」と見にきた父親。少しして「この字が間違ってるどれ〜」（方言）と指摘。「えっ！」と思って見直したら、確かに間違っています…。「先生が間違えたな」というような言い方をして、父はそこに気づいた自分に対し嬉しそうにしているようにも見えました。「なんで褒めもしないでそこなんだろう、

ちゃんとした親ならそうは言わないんじゃないかな…」そう思った自分がいました。頑張って取れた１００点の嬉しさはどこかに飛んでいってしまい、とてもがっかりしたのを覚えています。

◇かけてほしかった言葉

受験の時、公立高校を受験するのに、「私立と併願をすると私立に入学金を払う必要がある」ということで、進学校一本で受験に臨みました。今思い返せば、それなりのプレッシャーの中での受験だったのですが、勉強そのものに対しては、抵抗なく集中できていたように思います。結構、夜遅くまでやっていました。のってくるとそんなに眠くもなく集中してきます。

そんな中、母親が二階の私の部屋までやってきて言ったのは「まだ起ぎっだの⁉　もういい加減寝ろは～」（方言）の言葉でした。その時の母にしてみたら、一度寝て、夜中に起きたらまだ娘が起きてるという状態だったために、思わず心配から出た言葉だったのかもしれません。でも私は「頑張って勉強している娘を前に、なんの言葉もないの⁉」と、すごくイラッときたのを覚えています。基本的に、親から勉強しなさいと言われたことはありません。言われる前にやっていたのだと思います。

「まだ頑張ってるんだ、凄いね～」など、少なくとも、最初に頑張っていることを認めてほしかったです。「毎日頑張ってやってるのを知ってるけどあんまり無理しないで。お母さん心配だよ。区切りのいいところで今日はこの辺にしてみたら」そんなふうに言ってほしかったのかな。

【内面の世界】

タイプ1は、幼少期に親から叱られたこと、注意を受けた経験や記憶から、トラブルを避けて、間違いを犯さないように、常に正しくあろうとし始めます。

従順で責任を果たす『正しい良い子』で、他者から批判されないようにと、親の顔色を見て学びます。親の叱る声が内面に植えつけられていくので、その声によって、考えや言葉、行いなどが自動的に無意識に監視され、厳しく自分をコントロールするようになります。

タイプ1は、自分が本当にしたいと思う願望が、意識に浮上することを無意識的に押さえています。それは、義務（するべきこと）よりも楽しいことを優先してしまうと、「勤勉の美徳」に背いているように感じ、普段「努力しない人」と見下している人間と自分が、同じレベルに落ちるのではないかと心配するからです。

リラクゼーションや愉快なことは、義務を完全に果たしてからでなければやってはいけない、と思いこみますが、義務を完璧に果たそうとすると時間がかかってしまい、楽しいことをする時間がなくなり、自分の願望は先送りにしてしまうことになります。

この時、正しいことをしている意識はありますが、不満や怒りを募らせていることに自分自身でも気づいていません。

タイプ2 人を喜ばせるちっちゃな大人

【特徴】

困っている人に自分から進んで優しく話しかけるなど、誰かを助ける・誰かの役に立つ存在でいようとします。

にこやかで愛嬌があり、人懐っこい印象を与えることが多く、相手の気持ちを敏感・繊細に感じ取り、自分がやってあげられることが何かないかと探してしまう傾向があります。

親に対しても従順で優しく、喜ばせようとします。自分のやりたいことよりも相手を優先し、相手に譲ってしまうことが多いです。それは、誰かの役に立つことをしないと愛されないのではないかと無意識に感じているからです。しかし、自分のやりたいことがないわけではないのです。

自分の好意を断られると拒否されたと感じて傷つきます。友人と一緒に何かをするのを好みますが、人に合わせすぎるので、疲れた時に親に過度に甘えたりすねたりします。

直接人と関われることの方に興味を持ちますが、時に疲れて一人になりたいと思うこともあります。

自分のできないことに関して、（親を含め）人に助けを求めたり頼んだりすることが難しい傾向があります。

【長所の伸ばし方】

タイプ2の子は、周囲の人が必要としていること（ニーズ）を常に探しています。それが親なら、親のニーズに添うように行動しようとします。親の喜ぶ顔が見たいのです。行動した後は、自分の行動が親の役に立ったかどうかを気にします。親から感謝の言葉があると、自分のやったことは良かったことと思い、自己肯定感が高まります。

いつもより過剰にサービスをしようとしていて、そのサービス行動が目に余るようであれば、もしかしたら「自分を見て、見て！」と寂しい気持ちになっているサインの可能性があります。そんな時は、一生懸命に愛されようとしている子どもの気持ちに寄り添い、子どもとの時間をしっかり取り、感謝の気持ちを伝えることが大切です。
タイプ2の子は、他者のニーズを優先しますが、自分のニーズは抑えているだけで、自分が必要としていることは持っています。自分のニーズは抑えているので「何がいるの？」と聞かれても「何でもいい」と言ってしまいがちです。そんな時は、すぐに回答を求めるのではなく「必要としていること」を考える時間を一緒に作ることや、自分のニーズに気づいて適切に表現することの大切さを教えてください。
また「何かをしてあげたから、他者があなたを好きでいてくれる」のではなく「あなたの存在そのものが大切」であり「あなたは愛される、かけがえのない唯一の存在」であることも教えてください。

タイプ2の子に必要なのは、具体的な言葉で行動を肯定し、自信を持たせてくれる「同伴者」のような大人です。

【困った行動／親の関わりのポイント】

◇周りを注意していて自分ができていないことがある

タイプ2の子は、例えば親や先生のお手伝いをする時などに、実は自分自身もやるべきことが疎かになっていてできていないにも関わらず、やるべきことをやっていない人を見つけては注意をすることがあります。人にやってあげられることを探す方に気持ちが向いていて、自分自身のことが疎かになってしまっているため、こうしたことが起こるのです。

そんな時は、「○○ちゃんのことが気になったのね。注意してくれてありがとう」と、まずは注意してくれた気持ちに対して感謝を示すことが必要です。そして少し落ち着いてから、「人のことをやってあげるのも大切だけれど、自分のことをすることはもっと大切だ」と伝えるとともに、「自分のことができてから人のことをしてくれる方が親は助かる」という事実を伝えましょう。

◇自分の気持ちを言葉にできない

遊んでいる時に、友達におもちゃを譲っているのは、優しさではなく、自分の気持ちを言い出せなかったからということがあります。そんな時に譲ったことを褒められると、正しい行動だったと認識し、ますます自分を抑えるようになります。そのうち抑えが利かなくなると、大きく爆発することになります。

また、ずっと前のことを覚えていてそれを思い出し、イライラし始めるということもあります。タイムラグがあるので、いったい何が気に入らないのか親には分からないということも起こります。「本当はおもちゃをあなたが使いたかったんだね」「ずっと前のことを思い出して、悔しくなったんだね」と言葉をかけ、ちゃんと見守っていることを伝えることが大切です。自分の気持ちをなかなか言い出せないタイプであることを知っておくことがいいでしょう。

◇**思ったほど感謝されず、がっかりしている**

他者のために尽くしたわりに「お礼」が期待通りではなく、がっかりすることがあります。「見返りを求める気持ち」が自然に湧き上がるので、「お礼がもう少し欲しかったんだね」と気持ちを汲み、タイミングを見て、お礼は相手に強要するものではないことを理解させることも必要です。また、他者を助けることが、他者のためにはならないこともあると教えてあげましょう。

タイプ2の子どもは、いつも他者のことを考えて行動していますから、自分のことが後回しになりがちです。自分の気持ちや身体の状態、本当に欲しいものに気づけるように、常に気にかけ、言葉かけができると、子どもの心は安定します。

【欲しい言葉】

タイプ2の子は人の役に立つことで愛されたいと感じていますが、最も深い願望は「自分のニーズがあることを尊重してもらえる」ことです。

・〜してくれてありがとう、助かったよ
・あなたのおかげだよ
・あなたがしたいことは何かな、教えて！
・いつまでも一緒だよ
・安心して任せられるね

【実例①】子ども時代、どんなお子さんでしたか？

◇子どもの頃からお母さん

家事の手伝いや二人の弟たちの世話をよくしていました。
夕食の支度は、よく手伝っていました。市販のルーで作るカレーは小学校3年生の頃から私の担当でした。夕方は母が塾講師の仕事をしており、母の準備した夕食を弟たち二人に食べさせるのは私の役目だと思っていました。幼い弟たちから感謝されることはなかったですが、苦に思うことはなかったです。母を手伝うことが必要だと思っていました。年の離れた下の弟は「いいわね〜。お母さんが二人いるみたいね」と近所で言われていました。

父の帰宅はいつも遅かったのですが、起きているうちに玄関の音が聞こえたら、お茶の準備をして、お茶碗や箸など食卓の準備をします。手慣れていたと思います。準備万端にしてから「おかえりなさい」と誇らしげに玄関に向かっていました。

何か探している人や困っていそうな人には、よく気づきました。

友達は多く、誰とでも遊ぶので、放課後は予約がいっぱい。遊ぶ相手も、遊ぶ場所も多く、毎日違う公園や友達の家で遊んでいました。仲が良い決まった友達がいないのではないかと、母は心配していた時期もあるようでした。

学校の友達の中では、リーダー的な存在に付いていくタイプで、自分から「～して遊ぼう」と言ったことはありませんでした。けれど一度だけ、転校生が来た時には自分から声をかけ、初めの頃は毎日のように放課後に遊んでいました。「転校生が馴染むまでは私が一緒に遊ぶ」という気持ちがあったのでしょう。今思えば、別の友達と遊びたい日も我慢して、転校生と遊んでいたかもしれません。転校生の彼女が周囲に慣れてきた頃には疎遠になっていました。

自分よりも年下の子どもたちに対して、「何かをしてあげよう」という気持ちがありました。

何人かいる中に自分の弟がいても特別視せず、全員に対して公平に接しようとしました。その中では「仕切り屋さん」でした。

祖母の家で夏に「みんなでスイカを井戸水で冷やして」と頼まれた時、祖母の許可がなければ触れられない井戸を動かせるのが嬉しくて、喜んでしまいました。年下の兄弟や従兄弟たち6、7人みんなで「一人二回ずつね」と言って、まず自分がやって見せ、順番に並ばせてスイカの入った盥に水をためていきます。うまくできない子には手を添えて教え、ふざけて横入りする子には厳しく注意していました。物足りなさそうにしている子を見て「じゃあもう一回ずつやろう！」と言ってまた順番に繰り返しました。最後の方は、自分が井戸を動かすことよりも、従姉妹たちに井戸を動かせてあげる方に夢中になっていました。

こんな感じで、親戚で集まった時には、従兄弟たちとトランプをしてもかくれんぼをしても、子どもたちを遊ばせている感覚でした。何をして遊びたいのか、みんなの希望を聞いて順番にこなそうとしていました。叔母たちから「安心して任せられる」「またよろしくね」と声をかけてもらいました。

大人になってから、思い出話として「うちの子たちが泳げるようになったのは、あなたのおかげだから」と何度も言われています。50歳を過ぎた今でも言われ、叔母の記憶の中には、必死に泳ぎを教える私の姿があるのかと思うと、嬉しくもなり恥ずかしくもなります。

手伝うことに喜びを感じていて、自分から気づいて手伝った時も、頼まれて手伝う時も、喜びがありました。

小学校3年の夏休みに二人目の弟が生まれるということで、母の里帰り出産で二か月近く祖父母の家で過ごしました。いつもなら祖母を手伝っていた母ですが、産後はあまり動けないので私が代わりに手伝いました。

祖母はいつも台所のある土間で働いていて、几帳面で厳しいイメージの人です。土間は電灯も暗めな場所で、危ないので子どもは入室禁止だったこともあり、近寄りがたい場所でした。それが、手伝いをすることになり「○○なお皿を持ってきて」「これを運んで」など、言われた些細なことでもうまくできると、祖母が大きな声で「頑張った」「よくやった」と声をかけてくれたもので、有頂天になっていきました。毎日手伝っていれば、次に必要になるものが何かは分かってくるもので、予測を立てて動くようになり、厳格な祖母からも「すごい」「偉い」と言われ、「お手伝いってなんて楽しいのだろう」と思ったものです。

◇親の接し方で、傷ついたこと・嬉しかったこと

相談なく新しい服や鞄を買ってきて、それがあまりに予想外のもので、でも、嬉しそうにしている母の顔を見て、心が冷えていく感じがしました。好みを聞かれても「何でもいい」と答えてしまうことが多く、私には好みはないと思われていたのでしょう。

気にしない時は「何でもいい」のですが、「好きじゃないモノ」もありました。何かをもらっても嬉しさはなく、むしろどんどん選択肢が狭くなっていく苦しさがありました。

私のお誕生日のプレゼントが、弟の希望するボードゲームだった時は、傷つきました。笑顔で「ありがとう」と感謝の言葉を言いながら「私の誕生日には家族で使うものを贈ら

れた」と、大事にされていない感じがあったのだと思います。

「自分のことをしなさい」と注意されると、ドキっとして、どうしたらいいのか悩みました。あまり説明もなかったように記憶していますが、もしかしたら、説明されていても理解できていなかったのかもしれません。誰かを手伝っているように見えても、私は自分の気持ちを満たしていたのですから、自分のことをやっていたという認識だったのです。「～しておいて」とおざなりに言われた時は、嫌な気分でした。「都合良く親に使われている」ことには敏感でした。「させておけばいいわ」のような心の声は、しっかり聞こえていました。

一方で、自分が手伝って、褒めてもらった時は、いつも嬉しかったです。手伝っている時、やるべき役目がある時は充実していましたし、それなりに嬉しかったと思います。でも、子ども時代に満ち足りた気持ちになった記憶が見当たりません。

今なら「味噌汁、旨かった～」と、朝ごはんの感想をもらえたら十分嬉しいです。

◇かけてほしかった言葉

大人に「一緒に遊ぼう」「一緒にでかけよう」など、「一緒に～しよう」と言われると、隣にいていいのだと安心感がありました。

また、「～してくれてありがとう」と、ただ単に「ありがとう」と言われるよりも、何をしてありがたいのかが分かる言い回しの方が嬉しかったです。

本当に欲しかった言葉は思い浮かびませんが、本当に欲しかった態度は、いつでも私を優先してくれる親の気持ちであったと思います。

【実例②】一人前のお手伝い

◇子ども時代、どんなお子さんでしたか？

明るく元気で社交的だった子ども時代を思い出すと、いつも最初に浮かんでくるのは、「母の笑顔」です。えくぼがあってにっこり微笑んでいる…。「ママ大好き！」という気持を一つ年下の妹といつも競い合っていたものです。

「大好きなママ」に、妹よりもかわいがってもらいたいという気持があり「どうしたらママが喜んでくれるかな？」ということを常に考えている子どもでした。

母は家で和裁の仕事をしており、毎日朝から夜遅くまで働いていましたから、私はよくお手伝いをする「いい子」でした。そういえば、私が中学生になり自転車で遠出ができるようになった頃、母が請け負っている呉服屋さんに、毎月「着物の仕立て代」をもらいに行く「集金」のお手伝いもしていました。当時はどれくらいいただいていたのか興味もありませんでしたが、二軒の呉服屋さんを回って結構な金額をいただいていたのだと思われます。母はよくもまあそんな大金をもらってくる任務を子どもの私に任せてくれたものだと、今になればそう思います。自転車でも片道30分以上かかりますので、母が歩いて行ったのでは時間もかかるし、助かったのではないかな、とも思います。

おじいちゃんが病気になって自宅で寝込んでいた時も、母は介護と仕事をしていましたから「お買い物」は小学生の頃から一人で、毎回頼まれたものだけではなく、気を利かせて「何かもう一つ」を買ってきて、母に喜んでもらった思い出があります。

小中学校時代は、どの学年の時も担任の先生が大好きで、先生のお手伝いも積極的にしたものです。そういえば中学3年生の時、大好きな先生が他のクラスの担任になってしまいましたが、給食で先生の好きな「ソフト麺」が自分のクラスで余ると、嬉々として先生のクラスまで持って行ったことを思い出しました。

子どもの時から「どうしたら他者が喜んでくれるのか」ということを常に考え、大人たちに「かわいがってもらいたい」という気持を持っている子どもでした。

◇親の接し方で、傷ついたこと・嬉しかったこと

こんなにいつもたくさんお手伝いをしているのだから、お手伝いをほとんどしない妹と同じように扱われるのは納得がいきませんでした。

嬉しかったのは、「母と二人だけの時間」があったことです。母と私はいつも一緒にお風呂に入り、そのわずかな時間で母からいろんな話を聞いたり、教わったり、時には歌

を歌ったり…。学校の個別懇談から帰る時も、妹は一緒に帰りたがりませんでしたが、私は母と一緒に電車に乗って帰るのが、まるで小旅行のように楽しく思ったものです。

◇かけてほしかった言葉

いつも親（特に母親）からは、認められたい、可愛がられたいと思っていたので「役に立ついい子だね」「ありがとう、助かったよ」「いつまでも一緒だよ」という言葉が何より欲しかったと思います。

【内面の世界】

幼少期から、この家の中では、誰が権威者なのかを見極めて、その権威者が求める役割を果たそうとします。家族の中で母親的役割を果たし、みんなの面倒を見ることができれば、権威者の愛情と保護を自分のものにできるのだと信じて行動します。そこから、他者に気に入れられることが自分の生きる術と考え、他者の欲求を読み取り満たすことを注視していきます。

愛されるために、周囲が求めていることに常に意識がいくのでよく気が利き、相手の欲求を満たすために身を粉にして働くことに喜びを感じます。相手を気遣うだけでなく、実際に温かく好意的に接したり、肯定的に相手を受け入れたりします。しかし、相手の欲求を優先しすぎて、自分が何を求めどのような感情にいるのかに気づけず、自分の欲求を満たすことが後回しになります。

タイプ2は、自己犠牲的に接しても、感謝されないと相手が求めているか否かに関わらず、愛と心遣いを押しつけ始めます。つまり「必要とされることを必要とする」状態に陥ります。

相手がだんだん自分で行動できるようになり、言うことを聞かなくなると、大きな声で何度も相手に迫り、相手をコントロールしようとします。時には自分を必要としている人を他に求めていくこともあります。それは相手には自分への借りがあることを気づかせるためなのです。

人を助ければ、自分は愛されてアイデンティティを確認することができます。しかし、自分が助けられる立場になると、愛されなくなるのではないかと恐怖を感じます。自分が人から必要とされないこと、無視されることを最もつらく感じ、相手に対しあてつけのように不機嫌な態度を取ることもあります。

一対一の心のつながりを大事に、温かい関係を築こうとして個人的で親密なコミュニケーションを取ろうとしますが、一方で、相手に必要とされ愛されるために、相手によって好みや行動を意図せず変えることがあり、いくつもの異なる顔を見せられる周囲の人は混乱することもあります。

タイプ3　褒められたいから頑張る子

【特徴】

タイプ3の子は、人に良い印象を与えるために行儀良くしたり、身だしなみを整えたりすることを意識します。そして、それが人よりも良くできているかを競おうとします。自分が感じ取る親や周りの期待、欲求、希望に合わせることで、相手を喜ばせ良い印象を与え、自身への関心や良い評価を得ようとします。

物事を進めるにあたっては、効率良く進めるポイントを見つけるのがうまく、実際にスムーズに進めることができます。

「達成すること」や「成功すること」をしようとし、時に実力以上にそれらを求める傾向があります。それは、優秀な評価を得て周りの子たちよりも特別に目に留まる存在でいたいからです。特に、自分がこれと思う特定の人物（多くは好きだったり尊敬できる存在）から、自分が優秀であることの確認と賞讃を求めます。

成功することを強く求めているので、失敗したことは、最初からなかったことのようにとりつくろい、悔しく恥ずかしい感情は隠そうとするところがあります。

【長所の伸ばし方】

タイプ3のニックネームは「達成する人」。学校などであればクラスをまとめる役割を与えると、先生の意図を酌み取りしっかりと周囲を巻きこんで、リーダーシップを発揮します。ゴールに向けて一番良い道筋を見つけ物事を進めることが得意で、修学旅行や文化祭、体育祭など、イベントの実行委員のような目的・目標がはっきりしたものであればあるほど、その能力を発揮します。褒められたいから頑張れるので、まずはしっかり成果を認めることが必要です。

タイプ3の子はあらゆる場面で他者と比較し、優劣をつけたがります。相手が自分より劣っていれば安心し、自分の方が相手よりも劣っていればその一点に集中して自分を価値のない存在だと感じる傾向があります。そこから這い上がるために、自分を脚色し、演出し、場合によっては相手を蹴落とす勢いで接したりもします。

タイプ3の子には、秀でたところ、得意なところ、できているところをしっかり褒めることが必要ですが、成果がでないとモチベーションを下げてしまうので、成果だけでなく努力した過程を認めることも大切です。

これまでの行動の経過を聞いてもらい、その努力を肯定的に認められることによって、本人は「これでいいんだ」と安心し、周りの仲間にも気を配れる余裕が出てきます。その結果、客観的に物事を捉えて公平に判断する素地が育まれることとなります。

タイプ3の子に必要なのは、いつもその活躍を見守り応援してくれる「サポーター」のような大人です。

【困った行動/親の関わりのポイント】

◇評価が得にくいところは手を抜いてしまう

成果をあげることで目に見える評価につながることには挑戦できますが、家でのお手伝いや身の回りの整理整頓など、他者からの評価を得にくいところは手を抜きがちです。目立たない地道な作業は苦手なのです。

このような時には、自分のやったことを「見える化」してあげると、成果が把握できていいかもしれません。例えばお手伝いした日はカレンダーにシールを貼ってあげる、または効率的な片づけ方法を文章や写真でまとめ、それを家族で共有するなど、他者も見える形にすることで評価の対象になると認識できると、モチベーションが上がっていきます。

◇周囲に自分を印象づけるため誇張する、良くないことは隠す

少し大げさに話を盛ってしまったり、できなかったことに対して言い訳をしたり、点数が良くなかったテストは隠してしまったりすることがあるかもしれません。それは「価値ある自分を認めてほしい」という気持ちの表れです。心の奥に「できない人、評価が良くない人、点数が悪い人は価値のない人で悪だ」という思いがあり、自分がそう見られることを恐がっているのです。

親はその気持ちを理解しつつ、「話を盛られたり、テストを隠されたりすると、本当のことが分からず困ってしまう」ことを率直に伝えてあげてください。そして常に「際立ったことをしていなくてもあなたの存在自体がＯＫだ」ということを言葉や態度で表現することで、子どもは安心して本当の姿を親の前で見せることができ、失敗を恐れず持てる力を発揮しようと努力し始めます。

◇他の人を貶めるような発言をする

タイプ3の子は、時に特定の人物を指してけなしたり、悪口を言ったりすることがあります。家の中だけで収まらず、周囲に攻撃をするのではないかと心配になるほどの勢いの時もあるかもしれません。他にも、プライドを傷つけられたと感じると、強い言葉で発言しがちです。

そんな時は、親は子どもの気持ちに焦点を当て、何がそれほど悔しいのかにしっかり寄り添うことが大切です。

子どもがたくさん語り落ち着いてから、親の気持ちを伝えていくと、子どもの心に届きやすくなります。激しい言葉が収まるまで聞くのは親としてはなかなか大変なことですが、子どもはそれ以上に苦しんでいるかもしれないと思えると、少し冷静に聞けるのではないでしょうか。

【欲しい言葉】

タイプ3の子は、成果を出さないと認められないと感じていますが、最も深い願望は「成果を出せなくても、愛おしいと伝えてもらう」ことです。

・今のままで十分だよ
・いつも見ているよ、気にかけているよ
・思った通りの道を進みなさい
・頑張っていたものね、すごいなぁ
・際立ったことをしていなくても、あなたの存在自体がすべてＯＫだよ

【実例①】聞き分けの良いお姉さん

◇子ども時代、どんなお子さんでしたか？

弟が二人いたため、いつも「お姉ちゃんらしく」を求められていました。親から聞いた話では聞き分けのいい、わがままを言わない子どもだったとのこと。

確かに自分からは何かが欲しい、こんなものはイヤだと言った覚えはありません。そのため「おさがり」も多く、洋服や自転車、レコードプレイヤー、人気のある人形など、新品のものとはほぼ縁がありませんでした。当時流行っていたアニメのおもちゃ（魔法のコンパクト）が欲しくて、めずらしく買ってほしいと言ったらしいのですが、母親に我慢するように言われ、「分かった」と頷いたそう。

小学生になってからは「欲しいものは成果をあげた見返りとして手に入れる」という方法を覚え、テストでいい点数を取ったら、検定試験に合格したら、自分の欲しいものを買ってほしいと交渉しました。習い事をしていたので、成果をあげる手段はそれなりにあったように思います。やんちゃなことをして怒られることもなく、親の意図を酌み取るしっかり者のお姉さんとして子ども時代を過ごしました。

◇親の接し方で、傷ついたこと・嬉しかったこと

特に母親からの言葉に傷ついたことがいくつか記憶に残っています。年が明けてすぐに

挨拶すれば褒められるだろうと思い「あけましておめでとう！」と声をかけたところ、「…めでたくもないわ」と返り討ちにあったことも。今ならネタにできるやり取りではありますが、それでも心の奥底ではあの時のショックが忘れられずにいます。

一方、父は私が小学生の頃から「これからの女性は大学にも行き、仕事もしていかなければダメだ」と、当時としてはめずらしく女性がキャリアを積むことに対して肯定的でした。中学生になって突然背が伸びた私に、「大きいなら、もっと大きく見せなさい」と、ハイヒールを買ってきたこともありました。また、「これからは英語ではなく中国語を習うべき」「ハム無線を勉強して世界中の人と交信しなさい（今のインターネットの感覚だったそう）」と、外の世界へ出ることにも寛容でした。このような父の態度が、成果を求めてどんどん外へ出ていく私の背中を押してくれたと思います。

◇かけてほしかった言葉

弟が二人いたので（未熟児で病弱な長男、9歳年下の次男）、おそらく子育ては大変だったのだと思います。手のかからない長女の私は、放っておいても曲がることもなくちゃんと育つと思われていたふしがあります。こちらを見てほしくて頑張っているのに、そのようにすればするほど「手がかからない」子どもになってしまっていたのかもしれません。

それでもできれば、「あなたのことも気にかけているよ」と、ひとこと言ってもらえれば、そしてそれを態度で表してもらえれば、なお安心して子どもらしくのびのびと育つことができたのではないかと思います。

【実例②】何度でも何度でも褒められたい

◇子ども時代、どんなお子さんでしたか？

常に自信がなく、自己肯定感が低い子どもだったと思います。ただ自己肯定感が浮揚していくファクターとして、他者よりも秀でていたい、家族から褒められる存在でありたい、周囲から一目置かれる存在でありたい、という欲求を包含していたと思います。それが自分の生きる術であり、かつ自己肯定感を醸成するための唯一の方法だ、ということを無意識の下で悟っていたのだと思います。

そのことがベースにあって、誰からも教わることなく、親の言うことは従順に守り「良い子でいること」が自然に身についたと記憶しています。そのことを示すエピソードとして、次のようなことが思い出されます。

小学校低学年の時、母に連れられて大阪ミナミの百貨店に買い物に行った帰り、ターミナル駅で復路の切符購入を頼まれてお金を持たされた私は、勢いよく階段を昇っていったあまり、昇りきったところでたまたま前を歩いていた初老の男性にぶつかってしまいました。思わず「すみません」と謝ると、その男性はニコニコしながら「大丈夫だよ」と言うや、後から昇ってきた母に、「素直な良いお子さんですね」とコメントされ、母が恐縮する場面が展開された時「ああ、自分の行動・対応は正しかった」と、とても誇らしく思ったことが、自分の生き方、考え方に意を強くした象徴的なできごとでした。

親が施してくれなければ自分は生きていけない、そして親に施してもらうためには、親に認められなければならない、そして親に認められるためには「良い子でいなければならない」ことが前提で、しかも一回だけ褒められることだけでは満足できず、何度も何度も無限に褒められたい、という欲求が無意識下にあったのだろうと思います。

◇親の接し方で、傷ついたこと・嬉しかったこと

私が中学生だった1970年代の終わり頃、世間では同世代人口が多く、まだまだ競争が激しい時代でした。

母は、子どもの進路については人並みの希望を持っていたのだと思いますが、息子である私にとってはその期待がとても大きく感じられて気負うものがありました。とかく努力・勤勉に対して面倒さを感じつつ、いかに効率的に省エネで過ごそうか、と思っていた私は、目指す進学先も、そこそこのレベルの公立高校でした。担任教諭は、「もう少し頑張れば上の学校を狙えるぞ」と発破をかけてきたものの、まったく興味を示さない私に対し、母はそんな態度の私を不甲斐なく感じたのか、ため息混じりに「お前は本当に欲がないねぇ

…もっと上の学校に進みたいと思わんの⁉」とネガティブにフィードバックされた時は、「お前は落伍者だ」とレッテルを貼られたような気がしてすっかり覇気が小さくなったことを覚えています。

自分のことを不甲斐なく思い、「生きている価値がない」と自分で自分を貶めていたと思います。その反面、母から「素直で良い子」「努力家だ」と肯定的に言葉をかけられると無性に嬉しかったことが思い出されます（果たして今から振り返れば決して努力家ではない自分でしたが…）。

◇かけてほしかった言葉

私自身、進学のタイミングと多感な時期とが重なっていただけに、母からの発破をかける言葉は、私の内面にネガティブに届きました。「○○くんはクラスで○位」「○○さんは学年で○位」というセリフが母の口から出るたびに居心地の悪さを感じ、私の発奮を期待した母からの言葉は、「自分は成績も悪くてまったく価値のない人間だ」という言葉に変換されて胸に深く痛く突き刺さりました。

今にして思えば、「今のままで十分。思った通りの道を進みなさい」と言ってもらえていたら、自尊心を傷つけることなく、もう少しおおらかに過ごせて、さらに得意なことを伸ばせていたと思います。

【内面の世界】

幼少期から、家族の欲求と期待を敏感に察して、努力すれば愛情は獲得できると学びます。自分ができたことや作り出したことで褒められたので、成果をあげれば愛情を得られると感じるようになります。そこから、勝者だけが賞賛を得られると考え、自分が尊敬する人が好むイメージを取りこみ、認められるために惜しまず努力をします。また周囲から何を期待されているかを嗅ぎ分け、自分がより秀でていられる環境を選び、期待以上の成果を出し続けようとします。

ただ生きているだけでは自分を価値ある存在と思えないため、他者から認めてもらう行動をし、自分の価値の確認をします。成長するにつれ、何をしたかで真価が決まると考え、仕事を効率良くこなし、最大限の成果を出すために全身全霊を傾けます。自分の気持ちに目が向くと仕事の能率が下がるので、自分の感情を抑えて感じないようにします。

タイプ3は、成功者としてのイメージを作るために、人には気づかれないようにたくさん努力します。そのイメージと自分を同一化して、有能なリーダーや理想的な人だと信じ、周囲にもアピールします。この時はますます自分の内面を封じこめて、内面とのつながりは失われていきます。

失敗を恐れて自分の本当の気持ちとは裏腹なことをすることもあり、自己欺瞞に陥ることもあります。

タイプ4　想像から始まる自由な子

【特徴】

何かにつけて恥ずかしがり屋、はにかみ屋で、モジモジしてしまいます。しかし、自分のことを受けとめて共感してくれると思う相手には、心を開きます。心を開いた相手には人懐っこく心温かな接し方をします。

他の子どもが関心のない、重要ではないと思っているものに自分なりの意味や美しさを見出すことができる繊細さを持っています。感情が豊かで、独特な表現をしたがることも多いです。また、そのことによって周囲からの関心を引こうとしている面もあります。

また、自分の世界に入りこみ空想に耽ることがあります。半面、毎日の生活は平凡で退屈に感じており、うんざりするものだと思っています。ルールや常識に従うよりも、自分の気持ちを優先させる傾向があります。

一人で遊ぶことを好み、自ら人と積極的に関わろうとしないことが多いです。人との違いに目を向けがちで自分には何か欠陥があるため孤独であると感じ、自分の持っていないものを他者が持っている（才能やスキルなど）と、それに憧れ、ないものねだりをするところがあります。

【長所の伸ばし方】

子どもが見ている世界に寄り添い、共感を示すことで、タイプ4の子はその相手を「心を許せる人」と認識します。「心を許せる人」に対しては、傷つきやすい内面の柔らかな部分も見せてくれるようになります。ひょっとしたらそれは言葉ではないかもしれません。歌ったり、表情で表現したりということもあります。その時に、決して否定せず「面白い考え方だね」「人と違った見方をするんだね」「それは思いつかなかった」と、本人の独自性を穏やかに承認してあげましょう。落ち着いた声で繊細な心に呼応するように言ってほしいと感じています。

親が本心でないことを言っても、見抜かれてしまいます。共感や理解ができない場合は、無理に合わせようとせず「あなたの考えているきっと奥が深いんだね」のように言ってもらうだけでも、「私」という存在を認めてもらえていると感じられます。

ありのままの自分・自分自身のままで、この世界にいていいのだと感じられれば、タイプ4の子は周囲への警戒心を解き、周囲へ穏やかな感情を向けることができるようになります。

また、発想の自由が保証されることで、人とは違ったセンスがさらに磨かれ、理解者がいることで、内にこもり自己陶酔の世界に入りこみすぎることを防ぎます。そしてそのセンスをただの自己表現でなく、目の前の人のために使うことができるようになります。

タイプ4の子に必要なのは、「自分のファン」になってくれる大人です。

【困った行動／親の関わりのポイント】

◇話を聞いているようで、聞いていない！

タイプ4の子は、他者の意見や周りの環境に対して、自分なりの解釈で理解し行動します。聞いているようで聞いていない、言った通りに動かないと感じてしまうのは、伝わっていないからではなく、あくまで自分軸で決めて行動したいからです。

タイプ4の子を思い通りに動かそうと思うことは、今すぐ諦めた方がよさそうです。一方で、話したことはしっかりとお子さんの心の中にしまいこまれ、蓄積していきます。反応がない、動かないからと発言をエスカレートさせすぎないように注意しましょう。タイプ4の子は、傷ついた経験を何度も自分の中で反復し、長い間覚えています。

表面に出す、出さないは別として、人に対しての好き嫌いがはっきりしており、嫌いな

プレゼント

- Present -

9タイプ別
子供が笑顔になる
声がけ集PDF
&
保護者のための
メッセージ集PDF

こちらからどうぞ▶

【申し込みリンク】
https://bit.ly/3nzKCiE

おうち受験コーチング
https://jukencoaching.com/

受験コーチング協会
https://jukencoaching.org/

人、苦手な人に対しては、一切自分の内面をさらけださないようになります。すでにそのようになってしまって、関係の修復が難しい場合は、お子さんに寄り添える第三者に間に入ってもらうことが良いでしょう。

◇周りに合わせた行動ができない！

みんなが同じことをやっているのに、一人だけ違うことをやっている、公園で友達と遊んでほしいのに一人家で遊んでばかりいる、時間の感覚がゆるく、間に合わなくても気にしない…。

このままでは協調性のない子になってしまうのではないか、こんなにマイペースで社会に出てからやっていけるのかと心配されることもあるかと思います。

タイプ4の子は、周りに合わせられないのではなくて、納得のいかないルールには「合わせたくない」のです。

一方で、親は規則や約束、時間や期限も大切にしてほしいと思うので、子どもに「なぜそのような規則があるのか、時間や期限を守らないとどうなるのか」を丁寧に話したり、本人の意見を聞いてあげたりすることも大切です。規則の必要性や意味に共感できれば、その規則を守りたいという気持ちが出てきます。

ただそれでも、その規則より優先すべきことがあれば、規則を守らないこともあるかもしれません。何が大切なのか、その時その時の感性に従って決めていくというところがあるからです。

◇感情の起伏が激しく、どうせ自分はダメだと投げやりになる

何か壁にぶちあたった時、叱られた時など、悲劇のヒロインのように「どうせ自分はダメなんだ」「生きていてもしょうがない」など、大袈裟に「自分はかわいそうだ」ということをアピールしてくることがあります。

そのような時は「そんなことないよ！」と安易に慰めることは、あまりお勧めしません。このような慰めを繰り返していると、愛情を感じられずに大袈裟にかわいそうだとアピールしなければ愛されないと感じ、アピールを繰り返すことで自分を満たそうとしてしまいます。

甘えさせることも大切ですが、本人の成長のためにも反射的に言葉で応じず、黙って発言を受けとめます。

その上で、「お母さんはあなたをダメだとは思わない、あなたのアピールがあるから愛情が強くなることはない」という態度を示し、「あなたが生きていてもしょうがないと思っているのは親として辛いこと」と親自身の気持ちを伝えてみます。そうすることで、「大袈裟に言わなくても自分は愛されているのだ」と自分で自分を大切にできるようになります。

【欲しい言葉】

タイプ4の子は、個性的でないと自分自身ではないと感じていますが、最も深い願望は、「特別でなくても、あなたはオンリーワン。誰にも代われない存在として認められる」ことです。

・人と違った良いところがあるね。面白いね
・いつも見ているよ
・あなたの感性、好きだな！
・それ、他の人は思いつかないよ！
・センスいいね
・あなたにしかできないことがあるよ

【実例①】心の中では自由な私

◇子ども時代、どんなお子さんでしたか？

私は子どもの頃、自分の言葉はいつも自分との対話で発していました。一人でいる時に、自分と会話することが楽しかったということです。人に対して、特に他人に対して言葉を

発することは少なかったため、おとなしい子どもという印象だったようです。

自分では、心の中では自由な世界に生きていたので、現実はとても生きにくいと思っていました。そのため、自分が実際に生きていると感じたのは中学生になってからでした。

それまでは、自分が想像の中で生きていたのだと、中学校の時に理解しました。

◇親の接し方で、傷ついたこと・嬉しかったこと

嬉しかった言葉は、「変わってるね」とか「あなたは面白いね」です。

「普通である・普通だ」というのは、自分の良さがまるでないような悲しい気持ちにさせられました。

◇かけてほしかった言葉

「いつも見ているからね」

心はとても敏感で、人前に出て目立つ何かをすることはありませんでしたが、人が気づかないようなところで、人を助けたり、お花をいたわったり、自分より小さな子の面倒を見たりしていました。

すごいね、と褒められるのは嘘っぽくて好きではありません。「いつもあなたのこと見ているよ。頑張っているね」その言葉はとても励みになったと思います。

【実例②】内面の素晴らしい世界を守る

◇子ども時代、どんなお子さんでしたか？

小学3年生頃までの私は、常に世界の中心にいました。

道路が灰色であることを嘆いて、美しい絵を世界中の道路に描きたくなったり、落ちこんだ顔をしている人がいれば、その人を元気にするために音楽を聞かせたり、学校がもっと楽しくなるために、自分で催しものを考えてチケットを配ったり。

私が理想とする、みんながニコニコして、平和で、ワクワクする毎日がやってくる、そんな世の中を実現したいと考えていました。

自分にできないことはなく、人類がまだなし得ていないこと、例えば空を飛ぶなども、自分ならできると思い、どのように空を飛ぶのか何度も何度も頭の中でイメージしました。

このような世界を理解しない周りの大人たちは、私にとっては、残念な、つまらない人たち、と見えていました。

10歳を超えた頃、周りが見えるようになると、今度はこのような自分の内面が特殊なものであり、恥ずかしく、人から見えないように隠しながら守っていかなければならないものに変わりました。人の目に触れ、批判でもされようものなら、その素晴らしい世界は崩れてしまうように感じ、理解してくれる人にだけ自己開示をしていました。

◇親の接し方で、傷ついたこと・嬉しかったこと

よく「素直でない」と怒られていました。私はずっと、自分の気持ちに素直に生きてきたのでなぜ怒られているのか分からず、困惑していました。言う通りにしているのに、怒られてしまう自分はダメな人間なんだとも感じていました。しかしある時、親の言う「素直でない」とは、「親の言うことに素直でない」という意味だったと知り、無用の苦しみを何年も味わっていたことに気がつきました。

嬉しかったのは、過度な期待をかけられず、好きなことを自由にやらせてもらえたことです。よく絵画展やキャンプなどに連れて行ってくれて、本物に触れさせてもらえたのは、ありがたい経験でした。

◇かけてほしかった言葉

褒められすぎるのも、叱られすぎるのも嫌だったので、基本的には何も言わずにそっとしておいてくれるのが一番心地良かったです。「いつも見ているよ、応援しているよ」と、常に肯定してもらえると、頑張る力が湧いてきます。

【内面の世界】

幼少期から、恵まれない家庭環境でもなく、親から不適切な育児をされたわけでもない

のに、放って置かれたように感じているので、欠乏感や喪失感に苦しんでいます。大切な人に置き去りにされた、人に比べて省みられていない、と感じ、深い悲しみを味わいます。ですから、自分を分かってほしくて一生懸命自分を表現し、伝えようとします。

タイプ4の子が自分を表現するということは、自分の感情を自分らしく表現することなので、個性的で個人的な表現方法を好みます。それを自分が求めるように他者にも理解してほしいのですが、他者には理解することが難しく、そこに誤解や食い違いが生じます。

分かってもらえないと傷つき、努力してもうまく集団に溶けこめないと感じ、悩みを深めひきこもることもあります。成長するにつれて深い傷を人には見せないようにするために、平気なふりをしたりポーズを取ったりするので、プライドが高く見えます。しかし、内面では葛藤なしに生きている人に妬みや嫉妬心を持ち、ないものねだりをしているのです。

幼い頃から、自分には何か欠けているものがあるという喪失感を抱き、人とは異なると感じています。その喪失感は深い感情を生み出し、それを味わうことで自分を特別な存在だと感じます。鬱々とした深い感情を味わいつくすことで人が見落としがちなものを繊細な感受性で見出し、豊かで芸術的、ドラマチックで個性的な表現に昇華します。

人の気分を害することは避けたいのですが、思いや表現をしたものが理解されず、考え方を押しつけられたり、その人の常識に従うように命令されたりすると、激しく怒って自分と同じ痛みを与えるために、攻撃的になることもあります。
最後には人との関係を断って内的世界に引きこもり、落ちこんで自分の気持ちは誰にも理解されないと嘆き、助けの手さえ拒否するほどになることもあります。

タイプ5　知りたがり屋の博士ちゃん

【特徴】

タイプ5の子は、モノの仕組みを探るような一人遊びが好きで、集中して深く知ろうとします。

クラスの中では一人でいても、静かに自分の興味がある世界で満足しているので、できれば邪魔されたくないと思っていることが多いです。他方、興味や関心が一致する友人とは付き合います。

自分が詳しく知っていること（マニアックな知識も含む）について興味を持たれると雄弁になります。半面、その分野に疎い人をバカにする態度を取ることもあります。時に自分が知らないことを、知らないとは言えずに知ったかぶりをします。

自分がどう感じているのか（気持ち）を聞かれても答えるのが難しく、感情表現が苦手で、あまり感情的になることがありません。いわゆるポーカーフェイスでいることが多いと言えます。

臨機応変に対応するのが苦手で、不意打ちに弱く、対応するためには対応方法を考える時間が欲しいと思うところがあります。

潜在的に自分に対して自信が持てない（無力・無能だと思っている）ので、詳しい分野を得て自信をつけようとする傾向があります。

【長所の伸ばし方】

四六時中、そばにいてつきっきりで、という接し方は必要ありません。一人で遊ぶのは比較的平気です。興味を持ったことは、本人が納得するまでさせてあげることが大切です。子どもの興味の対象に大人が興味を示してくれて、一緒に調べてくれたりすることを喜びと感じます。ただし一人で調べたりすることも楽しんでやるので、強制はしないでください。

答えそのものより そうなる過程や理屈に興味がありますので、そういったところを説明し、理解できるようにしてあげてください。理解はしても、考えをまとめて言葉にするには時間が必要かもしれません。

知りたいと思う気持ちが強いので、例えば知識を得られるようないろいろな本や機会に触れられる環境は、タイプ5の子の長所を伸ばすことに有効です。自己主張が強いタイプではないので、自分から話しかけてきた時は、なるべく話を聞いてあげてください。また、子どもが小さいと、親はいろいろと聞かれることもあると思いますが、それに付き合うことはとても大切です。「いちいち聞かないの！」といった対応は良くありません。親として答えられなければ「どうなっているのかねぇ、分からないこともあるんだよ」と事実を伝えるだけで、十分な回答になっています。さらに、自分で知るために「実験」をすることもあります。危なくなければ、させてあげることが大切です。

褒められると嬉しいけど、褒められすぎも居心地が良くありません。

タイプ5の子に必要なのは、一人の時間を大切にしてくれながら、自分の周りの世界を知るために必要な環境や情報を提供してくれる「対話者」のような大人です。

【困った行動／親の関わりのポイント】

◇相手の気持ちに配慮した行動ができない

前提としてなかなか人の気持ちを理解できないところがあるので、それをすると「嫌な思いをする人がいる」「悲しい思いをする人がいる」と伝えたとしても、通じない可能性があります。

気持ちよりも「知りたい」が優先するからです。

そのため「嫌な思いをするならやめるね」とはならず「なんで嫌な思いをするの？」と聞かれる可能性もあり、さらに（親にとって）困った状況になるかもしれません。

もし「ルールだから」と言っても「どうしてそのようなルールがあるの？」となりかねません。

子どもに「何を知りたいのか」「どうしてそうしたいのか」を、聞くことで出てくる本人の説明の中に、タイプ5の子との関わり方の「解答」があるのかもしれません。

◇友達に合わせず、友達と一緒に遊ぼうとしない

友達と遊ぶことが少なく、一人でいる時間が長い子どもの様子を見ていると、仲間はずれにされているのではないか、協調性が育たないのではないか、と親は心配になることもあるでしょう。しかし、本人が希望をしていないのに無理に集団の中に放りこんだり、仲良くさせようとしたりするのは逆効果かもしれません。興味の方向が似ているなど、本人が楽しいと思えるような相手と出会える機会を作ってあげると良いでしょう。

◇興味のあることはとことん知ろうとするけれど、練習するのが嫌い

知識欲が高く、いろんな情報をインプットすることは大好きですが、それを繰り返し練習したり、できるかどうか何度も確かめたりするのは好きではありません。

なぜその練習をする必要があるのかの理屈が分かれば、ある程度は取り組めるようになるでしょう。また、周りの人に学んだことを話すなど、知っていることをアウトプットすることを普段から心がけていると、アウトプットに対しての抵抗感が薄まるかもしれません。

【欲しい言葉】

タイプ5の子は、知識や情報がないと生きていけないと考えていますが、最も深い願望は、「ありとあらゆる知識を持っていて、必要な時に出てくる」ということです。

・そのままで構わないよ
・そのままでも、ここにいてもいいんだよ
・面白いことを考えるね
・よく調べているね
・よく知っているね

【実例①】実験好きの観察者

◇子ども時代、どんなお子さんでしたか？

自分の興味の赴くままに行動する子どもでした。自分の好奇心を満たしたかったのだと思います。

思い出すのは保育園児の頃（４才）。天気の良い日で、全学年園庭で思い思いに遊んでいましたが、私はみんなが遊んでいるのを眺めていました。仲間に入れなかったのかどうかは記憶にありませんが、一緒に遊んではいませんでした。

その時突然、数日前にクラスでもらって遊んだ「日光写真」のキットを思い出して、一人教室に戻り、もらった時に教わったことを思い返しながら、被写体にする銀杏の葉っぱを拾ってきたり、日が当たらないように印画紙を取り出したりと薄暗い教室で楽しんでいました。

しばらくして担任の先生が私の姿が見えないことに気づいて、教室まで見にきてくれました。私が一人日光写真で遊んでいたことに驚いた様子でしたが、「ちゃんとできた？」と聞いてくれて、私が得意げに出来上がった写真を見せると、「良かったね」と言ってくれました。心配をおかけしたと思うのですが、叱られた記憶はないので、優しく注意する程度に収めてくれたのだと思います。今となると、自分のマイペースぶりに赤面しますが、温かい思い出です。

また、総じて、運動は苦手でしたが、お遊戯は比較的好きでした。次にどういう動きをすれば良いのかが、あらかじめ決まっているからかもしれません。

団体行動も苦手、というか理解ができませんでした。興味のままに生活していたので、言葉が悪いですが、時間で区切られて授業を強制される「時間割」に「どうしてそんなものがあるのか?」としか思えず、学校生活になじむのに時間がかかりました。先生の手を焼かせたとも思います。

また、このようにかなりマイペースでしたので、人間関係もうまく築くことができずにいて、友人は少なく、仲間外れもしばしば体験しました。

◇親の接し方で、傷ついたこと・嬉しかったこと

嫌だったのは、急かされたことでした(今でも苦手です)。

何をするにも、行動に移すにはワンテンポ遅れてしまうことが多かったように思います。親にとっては、それが不満だったでしょうし、心配でもあったのだと思います。自分のタイミングや考えこむ時間を否定されるのは嫌でしたし、時として、そのことで周囲の人や兄弟と比較されたことには傷つきました。

嬉しかったのは、やりたいと言った習い事を、すんなりさせてもらえたことです。自分

の興味をそのまま受け入れてもらえたような気がしたのかもしれません。

◇**かけてほしかった言葉**

「そのままで構わないよ」

「そのままでも、ここにいてもいいんだよ」

ありのままの自分を受け入れてほしかったな、と感じています。

親の機嫌を損ねないように、期待された役割をしなくてもいい、と安心したかったです。裏を返すと、役割を果たしていないと自分の存在価値がなくなるような、そんな思いこみをしていました。

【実例②】「変わっている」は褒め言葉

◇**子ども時代、どんなお子さんでしたか?**

変わっていたと思います。幼稚園の時に、うがいをした水を鏡に向かってかけるとどうなるかと思って、かけたことがあります。鏡の向こうがどうなっているか、きっと知りたかったのだと思います。

◇親の接し方で、傷ついたこと・嬉しかったこと

水を鏡にかけたことを母親にとても怒られた記憶があります。

幼稚園の先生からは、怒られなかった記憶がなんとなくあって、理不尽という言葉はその頃知らなかったと思いますが、なぜ怒られるか納得できなかった感覚があります。私は純粋に鏡の向こうがどうなっているか、知りたかっただけで、悪戯をしたわけではない！との思いです。

小学校の図書館でよく本を借りていたのですが、明智小五郎とか、シャーロック・ホームズとか、アルセーヌ・ルパンとかでした。「そんな本ばっかり読んで…」と言われていました。

◇かけてほしかった言葉

おじいさんからはかけてもらった記憶がありますが、「(考え方が) 面白いなぁ」です。何を言ったから、何をやったからと、個別のことに記憶はないのですが、そう言われて、嬉しかった記憶はあります。「変わっている」は、自分の中では誉め言葉です。

【内面の世界】

幼少期、タイプ5は親の関わり方を、自分を置き去りにしたとか、過干渉だと捉え、そ

こから逃れるために接触を減らし閉じこもり、他者に対し最小限の欲求しか持たないようにしてきました。そして、他者から逃げだしたいと思う時には、ふたつの距離を取る方法を身につけます。

一つは、思考の世界に入ってあれこれと考えを巡らす方法、もう一つは、自分の気持ちと向き合わず、自分の感情と距離を取る方法です。

威圧的と感じる親の態度から逃れるために、気持ちの接点を持たないように自分の気持ちに蓋をして、反応を止めます。そして、何が起こったのかなどを、後で一人になってから整理します。そのうち、自分の生活に侵入してくる人と面と向かっても、何の反応もしないでいられるようになります。人と心理的に距離を作って傍観者としての位置を取り、複雑な人間の行動や感情を頭で理解しようとし始めます。これによって、自分の感情の表出から目をそらすことを身につけます。

一方、大切な人との関わりにも、温かで感情的な表現を避けて実務的になるので、愛情があっても伝わらず冷淡な印象を与えてしまいます。

また、外の世界は侵略的で危険と考え、人目につかない場所で感情のしがらみを避けて暮らすことを好みます。そのため、群衆の一人として気配を消し、姿を隠して俯瞰していきます。

他者に働きかけて何かを得ようとするよりは、欲しいものがなくても何とかなると考え、自分の欲求を必要最低限にしようとします。贅沢なお金の使い方は好みませんが、本質的なことを知ることや情報を得るためのツールは重要と思っているので、そこにお金や時間をかけることは厭いません。服装や持ちものなどの知識探求に縁遠いものには、機能や実用性を優先してお金や時間をかけないようにしがちです。

タイプ6　仲間に合わせるまじめな子

【特徴】

とても慎重なので、早めにしっかり準備をして、失敗をしないようにし、約束や期限は守ろうとします。

時に、現実には起こらないであろう恐いことを想像して、不安に陥る傾向があります。責任感が強く、与えられた役割は誠実・忠実に果たそうとします。

周囲の様子をよく見ていることが多いので、初めての人や場所は、どちらかというと警戒をします。結果的にそのようなところでは、積極的にはなりにくいです。

友達付き合いが良く、仲間を大切にします。多くの人に、親近感を持たれる柔らかい雰囲気があります。まじめで人懐っこい面がある反面、内心は、疑り深く片意地を張る面も持ち合わせています。

仲間や周囲のみんながやらないことを一人だけやることも、みんながやることを一人だけやらないこともストレスに感じます。

大きなプレッシャーがかかる場面では、感情的になったり、優柔不断になったりしがちです。また、自分の信頼できる人に聞かないと、決断したり行動に移したりすることができないことも多いです。

【長所の伸ばし方】

タイプ6の子は、真面目で一生懸命ですが、自分に自信が持てないところがあります。自分の行動や考えが周囲と合っているのか不安になるので、「大丈夫！」と承認してくれる大人や信頼（安心）できる人がそばにいることや、安心できる場所であれば、自分に与えられた役割をのびのびと発揮することができます。信頼した人から任されたり、背中を押されたりしたことはしっかりやりたいと考えています。

安心安全な居場所があることがとても大切なので、そういう場所であるか、信頼できる人であるかを慎重に見ています。信頼するまでの様子見の時間が長く、慎重すぎてなかなか行動に移さなかったり、迷ったりすることがありますが、根気強く待ってあげると安心して行動できるようになります。危険予知ができ、準備に時間をかけ慎重に行動することが、チームに大きく貢献できると、タイプ6の長所が日常的に伝わり、少しずつ自分に自信が持てるようになります。

仲間外れになることを恐れて、周囲から浮かないように、周りを気遣いながら行動するので、誰とでも仲良くなれるところがあります。大切な仲間のためなら、自分のことより力が出せます。単独で何かをやるよりも、チームで何かを成し遂げる経験、そのような経験ができる環境においてあげると、持ち前の良さが発揮されていきます。

タイプ6の子に必要なのは、いつも一緒にいて、大丈夫だよと背中を押してくれる「守護者」のような大人です。

【困った行動／親の関わりのポイント】

◇自分の意見がないように見える

タイプ6の子は、人の顔色をうかがって行動することで自分の居場所を確保しようとします。みんなの意見が合うのが理想ですが、現実には難しく、自分が発言することで場が険悪になったり、まとまらなくなったりするのが恐いので、押し黙っていることが多いです。

「あなたはどうしたい？」と聞かれても、自分自身でもよく分かっていないので「分からない」と答えたりします。多数決を取るような時には仲良しの友達の意見に合わせます。また、誰にでも良い顔をしようとするところがあります。

自分の意見を言わず、周りに合わせようとするのは、居場所を確保したいという心理が働いているからです。無理にオリジナルな意見を引き出すのは、本人にとって苦痛かもしれません。できるだけ、「何を言っても大丈夫」という雰囲気を作りながら、自然と意見が出てくるようにしましょう。

◇慎重で、新しいことをやりたがらない

はっきりした態度が取れない・慎重すぎるなど、いわゆる優柔不断で、何かを始めるには時間がかかります。根気強く付き合うにはいらいらさせられることもあるかと思いますが、責めずにゆっくり関わることで徐々に考えが整理され、自分なりの答えや最初の一歩が踏み出せます。

マニュアルや見本があると安心して実行できるところがあります。普段は柔和にしていますが、許せない一線を超えると「心のシャッターを閉めてしまう」「次々と文句を並び立てる」「根に持つ」など、頑固になる一面もあります。

◇同時にたくさんやることがあると、パニックになってしまう

一つひとつを丁寧にこなしていくところがあり、細かいところまでリスクを考えながら慎重に行動します。そのような時に、配慮せずに次々と新しいことを言われてしまうと、思考が停止してしまうことがあります。

丁寧に物事を進め、人よりも時間がかかることがありますので、やることを絞りながら、じっくりと取り組める時間と環境を与え、困った時は助けて相談に乗りながら進めていくことが大切です。

また、どのくらいの完成度にしてほしいのかを明確に伝えておかないと、「言われていないから」と慎重になり、結果的に手を抜いてしまう時もあります。

【欲しい言葉】

タイプ6の子は、忠実に誠実に役割を果たさないと、居場所がなくなると恐れていますので、最も深い願望は、「自分自身が自分を最も信じ、頼れる存在だ」と思えることです。

・大丈夫だよ
・できているよ
・よくやってるね

・芯が強いね

・後ろで見守っているから、やってごらん

【実例①】家族だけは信じられる

◇子ども時代、どんなお子さんでしたか？

親は共働きで、いつも近くにいるのは2つ上の兄だったので、とても兄に懐いていました。というよりは兄がいないとひどく不安になっていました。どこへ行くのも何をするのも兄と一緒でした。今思うと兄に依存していたのかもしれません。

またその依存は、家族が転勤族だったのも輪をかけていたのだと思います。父は転勤族で九州を転々とし、宮崎に定住したのは小学校3年生からです。その頃、とても辛かった記憶が今でも残っています。

「友達はいずれいなくなるものだから、仲良くしてもしょうがない。みんなは友達がいて僕だけいない」という思いがありました。今でも数年ぶりに知人に会うとそれまでの関係をリセットした感じでよそよそしく立ち振る舞ってしまいます。

忘れもしないエピソードがあります。公園で遊んでいる同年代の子たちに勇気を持って「かたして！」（鹿児島弁で「仲間にいれて！」という意味）と言ったら「なんや！　かたしてって〜」と茶化されました。小学生にありがちな悪気のない茶化しだったのでしょうが、当時はバカにされたと思っていましたので、泣きながら家に帰った記憶が鮮明に残っています。

もう一つ鮮明に残っている記憶があります。学校の休み時間に一人で廊下を歩いている時に「なんで僕は○○○○（自分の名前）なんだろう。なんでお父さんとお母さんの子どもなんだろう。お父さんとお母さんの子どもじゃなければこんなに辛い思いをすることはなかったんじゃないかなぁ。なんで僕は僕で○○くんや△△くんじゃないのか？」と考えた記憶があります。どんな意味があったのか分かりませんが、友達がたくさんいて、裕福な他人がうらやましかったように思います。

このようなエピソードからも、僕はこの当時から「いつも近くにいるのは家族だから家族だけを信じよう」と思うようになりました。

今現在は小さいながらも会社を経営していますが、腹心のパートナーとして据えているのは弟です。なぜなら良い意味でも悪い意味でも一生関わらなくてはいけないと思っているからです。そのため甘い面も厳しい面も含めて家族に対する執着は人一倍強いと思います。裏を返せば家族以外はなかなか信用できません。

小学校3年生の途中に兄の影響で少年野球チームに入ることになりました。この少年野球チームの人間関係が今でも僕の中での人間関係の基礎となっている気がします。分かりやすく言うと「コミュニティ至上主義」です。このチームがとても大事で、チームをより強くしたいと無意識に思っているので、チームを悪く言う人や、チームの和を乱す人は嫌いだったし、チームのルールを守らない人にも大きな不信感を抱いていました。

◇かけてほしかった言葉

仲間やチーム優先で自分がないように見えることもありますが、みんなのためになることが大切なので、そういった様子が見られたら、褒めたり認めたり理解してほしいです。「自分がない」とか「意思がない」わけではないのにそう言われてしまうと、自分はそんな人間なのかと思ってしまうのでなおさら危険です。

「自信を持って」とか「あなたならできる」とか「頑張って」とかは、一見良さそうに聞こえるのですが、他人行儀にも聞こえるし、突き放す感じにも聞こえました。もっと深いところでは、責任を押しつけるように感じたのかもしれません。タイプ6の子は責任というプレッシャーを感じると、伸び伸びと行動できなくなります。

「挑戦して失敗する」ことを大いに褒めてほしいです。むしろ失敗こそが当たり前で、挑戦しないことこそが失敗だというくらいに大袈裟でもいいです。

タイプ6の子は、失敗したら責任を負わないといけないと思っています。失敗したら自分に価値や役割がなくなりみんなが離れていくのではないかと思っています。でもそんなことはないと伝えてほしいと思います。

【実例②】いつもニコニコみっこちゃん

◇子ども時代、どんなお子さんでしたか？

引っ込み思案で、言いたいことをなかなか言えないので相手から声をかけられるのをひたすら待っているような子どもでした。

小学校3年生まで社宅で育ち、親同士が親しい間柄だったこともあり、「もじもじしていれば誰かが気にかけてくれる」環境で、引っ込み思案な私の性格ではとても救われていたように思います。

気の強い幼なじみと仲が良く、彼女の意見優先で着せ替えごっこなどをして遊び、内心では不満がありつつも仲が悪くなるのも嫌で従っていました。3年生の時、社宅に美代ちゃんという同学年の女の子が引っ越してきました。東京からきた美代ちゃんは女の子らしくておしゃれで私の憧れの存在になりました。それまで仲良くしていた幼なじみよりも美代ちゃんと仲良くなりたくて必死にくっついて遊んでいました。幼なじみに「美代ちゃんとばかりいるなら遊んであげない！」と言われましたが、その時は「まあいいや」と、その後も美代ちゃんを追いかけたり、真似をしたりしていました。

父の転勤が決まり、幼なじみから大切にしていた着せ替え人形をプレゼントされた時に、美代ちゃんとばかり一緒にいて幼なじみを裏切ってしまっていたと、とても申し訳ない気持ちになった記憶が残っています。

◇親の接し方で、傷ついたこと・嬉しかったこと

社宅内で同じ棟の友達の家で遊んでいて帰りが遅くなり、帰宅すると母が「門限を過ぎている」と怒り家に入れてもらえなかったことが、傷つきました。（同じ棟の友達なら多少過ぎても良いルールでした。）

後から母と話すと、遠くの棟の友達の家に行っていると勘違いしていたと言われ謝られましたが、「自分が約束を守らない子と思われた」のがとても悲しかったです。

他には、「みっこちゃん」と愛称で呼ばれ優しく接してもらえるだけで嬉しかったです。よく祖母から「いつもニコニコしているね」と褒められていたのも嬉しかったです。

◇かけてほしかった言葉

「大丈夫だよ」「できてるよ」

【内面の世界】

幼い頃、親や大人の自分への接し方が、一定でなかったり、勘違いで叱られたりしたことから、大人は自分を傷つけると感じ、それに対応するために大人たちの行動を読むよう

になります。脅威を事前に察知するために注意深く観察し、気をつけて対応したにもかかわらず、大人から不意を突かれてしまうことを経験します。そのため混乱し、自分の判断に自信が持てなくなり、恐れや警戒心が強くなります。

ルールに従った行動をしても、大人は自分の都合でそれを歪めるので、次第に子どものの中に権力への不信感が生まれます。その結果、弱くて恐がりの自分を守ってくれる権力者への依存心と、自分を脅して弱みに付けこむ権力者への反抗心が芽生えるのです。

依存心から生まれる従順さも、権力者への疑念的で反抗的なスタンスも、根底にあるのは権力への不信感なのです。

子どもの頃から、人の多様な反応を予測することで危機を回避してきたため、危険に対して敏感で、最悪のケースを想像する傾向があります。それをしないと、攻撃されてしまうと思いこみ、恐怖を覚えます。時として権威者やルールに頼りますが、権威者を信頼できないと思った時は、激しく対抗します。前者は誠実でやさしく、おどおどした印象ですが、後者はルールなどを無視して攻撃的で無謀な印象になります。

新たなことにチャレンジする時は、自分の判断に自信がないので、前例やお手本、サポートがないと踏み出すことが難しくなります。優柔不断になって、決断を下せず、行動に踏み切れなくなり、時にパニックになることがあります。

タイプ7

あれこれやりたい元気な子

【特徴】

自由でのびのびとして、明朗で子どもらしいのがタイプ7の子です。明るくユーモラスで友達を楽しませ、クラスのムードメーカーになります。いろいろな場面で、アドリブを利かせて面白おかしく話を盛ったりすることが好きです。

次々と興味が移り飽きっぽい感じもありますが、面白いと思ったことは、勉強でも熱中して得意になることも多いです。総じて要領が良く、器用です。辛い状況な時ほど「大丈夫だ！」と自分にも人にも言ってしまいます。悩みや問題を抱えていても、自分で解決しようとして人に言わないことが多いです。

交友範囲が広い一方で、思ったことをすぐ口に出してしまい、思いつきで周囲を振り回し、時にそれに気がつかず人を傷つけることもあります。また、自分のやりたいことに没頭するあまり、自己中心的になり、人の気持ちを思いやれなくなることがあります。さらに、やりたくない作業は、適当にさぼったりうまく逃げようとしたり、詰めや見通しが甘く、「何とかなるだろう」と、同じような失敗を繰り返すことがあります。

【長所の伸ばし方】

幼い頃は子どもらしく無邪気ですが、集団生活が始まり、勉強や規則・ルールが増えてくると、ふざけたり、飽きっぽかったり、楽な方に流れたりするので、大人になって困るのではないかと心配になる親もいるかもしれません。

しかし、強制的に直そうと口うるさく「あれもダメ、これもダメ」と禁止すると、タイプ7の子は自由さを求めて、余計に集中力が散漫になったり、やる気をなくしたりする傾向があります。まずは子どもの目新しいものへの興味や関心を認めてあげましょう。

体験することを大切に思っていて、すぐ行動するので失敗することもありますが、案外無茶なことはできない慎重な面もあります。

興味が長続きせず目移りしたように見えても戻ることもあり、親は子どもの主体性を尊重して見守ってあげることが大切です。とはいえ、人に迷惑をかけた時や危険な時は、しっかり状況を見て、このまま続けることで起こりうる将来の大変さ、危険さを簡単な言葉で冷静に説明してあげてください。

また「○○しなさい」と命令されると途端に萎えてしまうので、自然と興味を持つように促すのが良いでしょう。

スポーツ、芸術、科学などいろいろなものに触れる「きっかけ」を可能な限り与えてあげれば、その中で何か秀でたものを自分で見つけ出します。何かをやり遂げることを強要されたり、結果を期待されたりすることを苦痛に感じるタイプなので、親としては長い目で辛抱強く待つ心の余裕が肝要です。

タイプ7の子に必要なのは、たくさんのチャンスを与えて、ポジティブな面に焦点を当てて一緒に楽しんでくれる「友達」のような大人です。


【困った行動/親の関わりのポイント】

◇やらなければならないことをやらずに、好きなことをやってしまう

タイプ7の子は、やらなければならないことは分かっているはずなのに、目の前の好きなこと、やりたいことをついつい優先させてしまうことがあります。

そんな時は頭ごなしに叱責するのではなく、その行動が自分や他人にもたらす悪影響について考えてもらうのが良いでしょう。みんなが楽しい状態を望んでいるので、その行動によって自分や誰かの幸せが損なわれると分かれば自然と改めます。

やらなければならないことはできるだけ短い時間で、簡単に楽しくできるようにしてあげると、取り組みやすくなります。そのための方法を一緒に考えようと誘うと、次々にアイデアを出します。嫌なことでもゲーム感覚でやれることを知ると、辛抱強く取り組む習慣が身につきます。

◇将来の夢や目標がないように見える

「絶対にこれ」というこだわりがなく、その時々に興味があること、楽しそうなこと、友達に誘われたことなどをやっているように見えることがあります。将来の夢や目標が見つかれば、何かに集中しもっと努力ができるのではないかと親は思うかもしれませんが、タイプ7の子は、どちらかというと来た波に乗るようなところがあり、そこが長所でもあります。好きな波であれば、好奇心を持って取り組み、失敗に屈せず努力し続けられます。

はっきりとした目標や夢が決まらなくても、目の前の好きなものを満足するまでやっていくことで、うまくできるものが増え、結果的には何でも器用にやれる万能選手として重宝がられます。総じて上手に生きていけるタイプでもあるのです。

◇一つのことに集中せず、あれこれと目移りする

タイプ7の子は、あれこれと要領良くこなしますが、何か一つのことを徹底的に極めるということがあまりありません。周りの大人が「もう少し努力すれば、もっと上手になるのに」と思うことでも、根を詰めて努力をしないので、もったいないなと感じてしまうこ

とがあるかもしれません。

しかし、タイプ7の子は、何か一つに執着し没頭してしまうことは、他のことをする可能性を狭めてしまうと感じるので、結果的にあれこれ目移りして多くの体験をしようとします。一つのことの中に、様々な可能性や変化を見出すものに出合えれば、それを楽しく突き詰めることができます。


【欲しい言葉】

タイプ7の子は、自由が奪われ、欲しいものが手に入らず、幸せになれないのではないかと恐れていますが、最も深い願望は、「もうすでに自分には大切なものが手に入っている」ことを知ることです。

・あなたのことは信頼しているよ
・好きなだけやってごらん
・あなたの気が済むまでやってごらん、待ってるね
・興味と驚きを持って「へーッ、そうなんだ！」
・仕事、早いよね！

【実例①】「好きに使っていい」に大興奮

◇子ども時代、どんなお子さんでしたか？

親からは「独立心の強い子」と評されていました。3歳上の兄と7歳下の弟に挟まれた次男坊でしたが、どちらとも距離を置いたスタンスでした。一見「いい子」でしたが、自己主張は強く、扱いは難しい方だったようです。親戚の中でも好かれる人には好かれるが、そうでない人にはものすごく嫌われるという子どもだったようです。

何かものを買ってもらうよりは、お金をもらって「好きに使っていい」と言われることに凄く興奮した記憶があります。お祭りの時に千円札をポンと渡されるのが、子ども時代の一番のワクワク体験だった気がします。

◇親の接し方で、傷ついたこと・嬉しかったこと

どちらもあまり記憶にないので、親の接し方をあまり気にしてなかったのかもしれません。強いて言うと「勉強しなさい」とか命令されることはすごく嫌だったと思います。だからかもしれませんが、兄弟と違って基本的に放任されており、しつけ以外であれこれ言われた記憶はありません。

◇かけてほしかった言葉

こちらもあまり記憶にないのですが、「あなたのことを信頼している」「好きにしなさい」みたいな言葉は前向きに捉えられたかなと思います。面白いことは好きだったので、機転の利いたことを言って笑ってもらえると嬉しかったのかもしれません。

【実例②】思いつくままにやりたいように

◇子ども時代、どんなお子さんでしたか？

隣に住む従姉妹と弟の三人を従えて、自分の好きなように遊ぶ、明るく活発な子どもでした。

両親が共働きだったせいか、大人の目がないところで好き勝手に遊び、部屋中散らかしては「片づけなさい！」と叱られて、渋々片付けていたのを覚えています。庭では木登りや秘密基地、迷路も自由気ままに作りました。部屋中にリカちゃん人形のお家を作り、ごっこ遊びもよくしていました。リカちゃんハウスは一つしか買ってもらえなかったので、椅子に布をかけて二階建ての家に設えたり、ハンカチを巻き付けてドレスにしたり、あるものを工夫して作り替え、見立てて遊ぶのが楽しかったです。また出来上がって披露すると、みんなが喜ぶので一緒に盛り上がりました。誰にも止められずに、自分の思いつくままやりたいように自由に遊ぶのが好きでした。

母親が働いていたため、小さな頃から託児所に預けられていました。けれど、就学前の練習にと一年間だけ保育園に通った時、託児所と同じように自由に振舞えないことにストレスを感じて、暗い表情で過ごしていたようです。特に眠くもないのに布団に寝かされるお昼寝の時間は、少しでも動くと叱られるので大嫌いでした。見張りの先生の目を盗んで、毛布の絵柄から色とりどりの毛を毟っては布団の中で愛でていた記憶があります。

思い返すと嫌な気持ちをごまかして、わずかな空間でも遊びを見つけることが、幼い頃から得意だったのだと思います。

◇親の接し方で、傷ついたこと・嬉しかったこと

約束を守らない、片付けない、食事中に他のことに目移りしてみそ汁をこぼしては母親によく叱られました。その度に嫌われたような、自分が否定された気持ちになりつつ、心の奥で「そこまで言わなくてもいいのに…」と感情的に叱る母親に対して批判的な気持ちを持っていました。なので、くり返し同じことで叱られると「この人嫌い」って心の中で思っていたのを覚えています。

素直で甘え上手な6歳年下の弟を可愛がる母親に「私と弟、どっちが好き?」と何度か尋ねた記憶があります。いつも「どっちも好きだよ」と答える母親に対して、心の中で「嘘つき」と思いながら、自分が母親になったら、子どもに対してこんな嘘はつかないように

しようと思っていました。

当て付けのように父親を慕っているフリをするくらい、関心は母親に向かうのですが、自分の思うようにはさせてくれない不満ばかりが印象に残っています。

そんな母親に対して好意的に思えたのは、職場の人や親戚の集まりに連れていってくれた時です。その場にいる人と談笑し、楽しそうにしている母は、いつものように私を咎めたりしません。自分のやりたいように振る舞い、失敗すれば周りの大人が助けてくれるので、母親に叱られることもありません。行ったこともない初めての場所に出かけるワクワク感も伴い、集まりに連れて行ってもらうのは嬉しかったです。

もう一つ嬉しかったのは、小学生高学年で入った手芸部の材料を、私が乞うままに買ってくれたことです。初夏にはアンダリア、冬に向かう時期には毛糸。かごバックやマフラーなど、使いもしないのにたくさんの作品を仕上げました。どちらにしても私自身の思うようにさせてもらっていた時が嬉しかったようです。

◇かけてほしかった言葉

「好きにしていいよ」「好きなだけやってごらん」「気が済むまで待ってるね」

自分の意思や行動を尊重し、信じてもらえると自分自身を大事にしてもらっている感覚になります。

【内面の世界】

幼い頃から、自分が欲しいと感じているものを親は与えてくれないと感じていて、「～があればもっと楽しいのに」「～ができたらもっと幸せになれるのに」と思っています。親が自分の行動や態度についてあれこれ注意するのを聞くと、自分の行動が制限され、思うように自由に行動できなくなると感じるので、うるさく言う親に不満を持っています。

親に頼ると親の言うことを聞かなければならなくなり、自由でいられないので、親や人に頼ることはいけないことと考えるようになります。親の言うことを聞けば不自由だし、でも聞かないと険悪な雰囲気になり楽しくなくなるので、聞いたふりをしたり、おちゃらけてごまかしたり、要領良くふるまったりします。

より楽しくあるために、興味があるいろいろな新しい体験を次々に手に入れようとします。辛い場面になって悲しみや苦しみが予想されると、刹那的な楽しみに逃げたくなり、辛さを忘れるために愉快なことを空想して嵐が過ぎ去るのを待ちます。口先だけでとりあえず謝るのは、お説教から逃れ好きなことをするための戦略、処世術なのです。

しかしごまかしがきかなくなると、強く主張し始め、嫌なことはやらず、いつの間にか逃げだしたり、途中で投げ出したり、快楽におぼれたりし始めます。

タイプ8　負けず嫌いの正直な子

【特徴】

力強いことを良しとして、勝ち負けにこだわる傾向にあります。総じてエネルギッシュで、活動的な印象を与えることが多いです。困難な状況こそ自分の出番と思い、積極的に関わることが多いです。全力でやることに重きを置いて、勝負して勝ちを取ろうとする面もありますが、結果にはさほどこだわりません。

自分を実際よりも大きく見せようとします。それは悪い意味だけではなく、自分より弱い者を慈しみ、守ろうとすることにも表れます。クラスなどでは、ボス的な存在になることが多いです。

率直で無邪気で、正直で、子どもらしい側面もあります。他方、不正や裏切り行為には、敏感で、許さないところがあります。

自分の欲しいものや、やりたくないことなどに、イエス・ノーをはっきり言います。ま

た、物事に白黒をつけたがります。曖昧な態度をされると、本心・本音を隠しているのではと思い不安になり、本心を言うように迫りたくなります。

本当は、弱い側面もあり、傷つきやすいのに、傷ついたことを見せません。

【長所の伸ばし方】

タイプ8の子は、自分に自信が持てている時に、持ち前の「行動力」「前向きさ」「力強さ」「リーダーシップ力」を発揮します。本人のできているところ、頑張っている姿を受容し認め、親が励ましやねぎらいの言葉をかけてあげることで、親からも認められているという自信につながります。間違っていそうなことも、世間の最大限の許容範囲ギリギリまで信じて見守ることが大切です。完全に間違っていることは、どこが間違っているかを明確に伝えてあげてください。白黒はっきりしているので、本音でしっかり伝えてもらうことを好みます。

図に乗ると、一直線で進むがゆえに、周りが見えなくなることもあります。それによって、周りを置いて突っ走ったり、良かれと思った行動が独りよがりだったり、周りとの協調性に欠けていたりして、孤立状態になることもあります。そんな時は、相手の立場や気持ちを伝え、みんなが良くなるにはどうすればいいのかを考えさせ、思いやりを持って行動できるようにサポートすることで、周りからも信頼される人に成長できるでしょう。本人が考え行動していることを親が頭から否定したり、無視したりすると、傷つき、落胆の度合いも大きくなり自信を喪失し、やる気が失せてしまいます。

結果はどうであれ、頑張って必死で努力している姿を見て、頑張っていることを認めてあげると良いでしょう。

タイプ8の子に必要なのは、努力し頑張ることを応援しながら、時に道を外れてしまった時には正面から叱咤してくれる、「監督・指導者」のような大人です。

【困った行動／親の関わりのポイント】

◇一度こうだ、と言い出すと、親の話を聞かなくなる

タイプ8の子は、行動力があるので、一度こうだと思うと、それをやりきってしまうまで、とことん行動します。机上ではなく体験したことから学ぶところが多いので、親から見て、「ちょっと違うのではないか？」と思うことも、世間的に許される範囲の限界まで見守って体験させると良いでしょう。

もし世間的に許されない線まで来たら、親が困ったと思う理由や世間の見方を、言葉は簡単に事実を中心に伝えると良いでしょう。上から目線的な言葉に反発しがちなので、子ども扱いせずに大人に語るように伝えることは効果的です。

◇敵だ・懲罰の対象だと認識した相手に対して、必要以上の制裁を加えてしまうことがある

自分に自信があり、調子が良い時にはどんな手段を使っても物事を推し進め、達成・成果を得ようとする傾向があります。勝ちにこだわり、時には自分の地位を守るために人を蹴落とすような言動をし、必要以上の制裁を加えてしまうこともあります。自分が正義だと思っているところがあり、弱い者を守ったという自負もあるため、頭ごなしに叱ることは、より問題をこじらせてしまう結果になります。まずは子どもの言い分をしっかり聞くことが大切です。子どもが落ち着いてから、それによって迷惑をこうむる人がいる、自分にも不利な状況になることを分かりやすく伝えると、もともと素直で温かい面を持っているので、納得し、自身の言動を振り返り、行動を変えることができやすくなります。

◇自分が思っていることは、みんなも同じように思っていると思うところがある

無邪気で子どもらしいところがあるので、自分が思っていることはみんなも思っていると思いがちです。だから、自分が正義ではないと感じることをする人を見た時「それはおかしい!」と強く反応し、自分と同じ思いになるように説得し、相手をコントロールし始めます。相手が抵抗すると、力づくでも自分の思うように変えようとし、自分の持てる力を注ごうとします。はたから見ると、強引で乱暴でわんぱくに見えるかもしれませんが、

本人は正義を貫こうとしているだけなのです。

そんな時、頭ごなしに叱ることは効果的ではありません。子どもの話をよく聞き、みんなが同じ正義や価値観を持っているわけではないことを知らせていくことが大切です。言い分をしっかり話すことができ、怒りが収まれば、親の話にも耳を傾けるだけの度量を持っています。

【欲しい言葉】

タイプ8の子は、人から支配され傷つけられるのではないかと恐れています。最も深い願望は、「自分の弱さを認められる人こそ、真に強い人であると気づく」ことです。

・いつも頑張っているね
・すごい子だね
・あなたのおかげで、うまくいった。成功した。
・強くて優しい子だね
・やりたいことは悔いがないようにやっていいんだよ

【実例①】クラスをまとめる学級委員

◇子ども時代、どんなお子さんでしたか？

年配の大人と、自分より年齢が小さい子どもには、好意的に迎えられていました。年配の方には、礼儀正しく手伝いを進んで行い、小さな子の面倒を見ることを好意的に見てくれたのだと思います。今思うと、親や大人が望んでいることを察知して自分から進んで行い、認められることで自分の位置を確認していたのだと思います。

自分より年齢が小さい子どもの場合は、遊んでいて怪我をしたら手当をしたり、泣いていたら原因を聞いて解決の方法を一緒に探しました。自分より力や能力が低い子なので、助けるのは当たり前で、困っている人が、自分で動き始めるまでは、全力でサポート（援助）するところがありました。

小学校では、2～6年生の五年間、学級委員としてクラスをまとめ、6年では児童会役員（生徒会のような組織）でまとめ役、調整役として活動していました。中学1、2年では、学級委員をつとめ、不良と敬遠されていたクラスメイトとも話をしてクラスがまとまるように働きかけていました。3年次には分校となり、分校先で生徒会役員として、生徒の意見をまとめて運営していました。

◇親の接し方で、傷ついたこと・嬉しかったこと

嬉しかったことは、常に私を信じてくれたことです。また、やりたいことは、悔いがようにやれと言ってくれたこと、いい子だと声をかけてくれたことも嬉しかったです。

傷ついたことは、お金がかかることは、実現しにくかったことです。母子家庭で生活の苦しさは知っていたので失望してはいけないと自分に言い聞かせていました。

◇かけてほしかった言葉

私を100%信じてくれていて、私の頑張りを認めて褒めてくれていることが分かる言葉です。

【実例②】文武両道、疲れ切るまで頑張る

◇子ども時代、どんなお子さんでしたか?

自信がない子でした。

幼稚園に入園した当初、麻疹と水疱瘡を患ったため、一か月幼稚園をお休みしました。病気明けに登園したら、周りの子たちは幼稚園にも慣れていろいろとできることが増えてきている中、自分だけ取り残され遅れていることがあったそうです。お弁当を食べるための身支度が遅かったり、太っていたことなどでいじられたりする(ちょっかいを出される）ことで、自分は「虐められた」と認識し、幼稚園バスに乗るのを大泣きして拒み続けた記憶があります。実際に園に行ってしまえば、泣くのを止めて周りの様子を伺いながら大人しく自信なさげに振舞っていました。

一人っ子ということもあり、兄弟げんかなどで揉まれた経験もなく、精神的には打たれ弱い子でした。

小学校低学年までは、クラスでは大人しく、太っていたので走ることが遅くて苦手、外遊びより室内でお人形遊びをするタイプでした。

小学3年生の時に引越しをし、そこで出会った友達が運動好きの快活なタイプだったこともあって、徐々に外遊びが増え、友達と一緒に通ったスイミングが得意になりました。

小学校6年生の時に算数の計算で、クラスでナンバーワンを取りました。この時、初めて自分に自信が持てた気がします。

中学校では、勉強と部活（水泳）を頑張り、どちらも成績が伸びて、中3の時には水泳では市内で一位、高校受験では志望校である進学校へ合格できました。文武両道で自信に満ち溢れていましたが、一方で頑張りすぎて疲れ切ってしまう瞬間があり、友人関係では真面目に見られる自分を嫌っていました。

◇親の接し方で、傷ついたこと・嬉しかったこと

大人しくて、人に迷惑をかけることなく、物事をそつなくこなすことで、親としては育てやすい子だったと思います。それ故に、小学校時代は「放っておかれた」のが寂しく感じました。

小学3年で引越しをした後、母親がパートや趣味のコーラスで外に出るようになり、鍵っ子になりました。周りの友人に鍵っ子がいなかったこともあり、学校から帰宅した時に母親が在宅している友人をうらやましく思っていました。自分は市販のおやつのみ、友人は母親の手作りおやつに不在の時には置き手紙つき、この母親の子どもに対する気持ちの在り方の違いに「自分は構ってもらえてない、子育てしてもらえてない」と思い傷ついていました。

幼少の頃もよく私を連れて人と会っており、人に私を預けてお守りをしてもらったことも多く、私には母親に絵本を読んでもらった、一緒に遊んでもらった記憶がありません。

嬉しかったことは、中学・高校・大学生と大人になった後のことで、一緒に買い物に行ったり外食をしたり旅行に行ったりできたことでした。感覚としては、母親というより友人的な感覚でした。

◇かけてほしかった言葉

「いつも頑張っているね」

自分のやっていることへの「承認」と「ねぎらい」の言葉が欲しかったです。

【内面の世界】

幼少期は、信用できる権力者に主導権を委ねたい、甘えたいという願望があります。しかし、身を委ねて甘えると、無邪気さに付けこまれ、弱いところを見せると傷つけられると学び、弱みを見せないようにしたり、対抗したりすることで、自分を守ろうとするようになります。

しかし大人には到底かなわないことを知り、自分には力がなく、コントロールされて従わなければならない弱い自分であるという現実を突き付けられます。この世を生きていくためには、強くなければならないと感じ、人や状況に対抗することで自分を守ろうとします。

対抗したことで周囲に良い影響を及ぼし認められ、褒められたり頼られたりした時に、親や大事な人を喜ばせられる自分の力と存在感を感じることができます。そして弱い人や頼ってくる人を守り、不平等感を解消するための正義感を強く持つようになります。

正義を実現するために、肉体的感情的な痛みを見ずに、思ったらすぐに行動、ハイテンションかつ全力で前進するようになります。

一方で、自分が正義で相手の言い分が違うと感じると、時に意識がバトルモードに入ってしまい、自分がどんな無理を言っているかをも認めることができなくなり、信念を曲げず気性が荒くなってしまうこともあります。自分の弱さに直面したくないために、どうしても相手を完膚なきまでにたたきのめしたくなり、主導権を取り戻し、自分の力を実感しようとします。

その結果、周囲との関係は壊れ、時に逆襲され、孤立してしまうということもあります。

タイプ9 周りを和ませるのんびりさん

【特徴】

今決めなくてもいいことは、すぐに決めないことが多いです。つまり、決定を先延ばしにする傾向があります。

急かされることを嫌い、押しつけられると反応が鈍くなります。総じて物事を始めるまでに時間がかかりますが、動き出すと大きな力を発揮して継続することができます。一つのことをじっくりと時間をかけてすることを嫌がりません。むしろ、同じことを継続することを好む方です。自分からこれをしたいと主張することは少なく、親や友達の言うことにあえて反対せず、合わせようとする傾向があります。

動作がゆったりしていて、「おっとりした子」と言われることが多いですが、自分がやると決めたことに関しては、活動的な側面もあります。

基本的には、一人で自分の世界に浸り、穏やかにのんびりすることが好きで、争いごとは好みません。そのため、周りの人を和やかな気持ちにさせることができます。

他方、内面では自分の思い・考えがあり、時に強情になります。そうなるとテコでも動かない強さがあります。

【長所の伸ばし方】

初めて経験することに対しては、面倒で緊張するのが嫌で、敬遠してしまう傾向があります。経験してみると、「やって良かった」と後で思うのですが、その時は、「やりたくない」という気持ちが先立って、「今回は、やめておきます」というように引き下がりがちです。そんな時、無理強いするのではなく、背中を押すように励ましてもらうと、「いやいやでもやろうか」となり、一度経験してしまえば、それが自信となって積極性が出てきます。

あまり大きく反応せず、見守りつつ、ちょっと押してあげることが効果的です。腰は重いけれど、やり出したら大きな力を出すことができます。

褒める時も怒る時も「おおげさ」な言動が苦手です。そっと褒め、端的に叱ることができれば、すぐに理解し対応します。あまり「おおげさ」に褒められると逆に居心地が悪くなりますので、普段の何気ない会話の中で「あなたのこういうところはいいところね」とさりげなく伝えることは大切です。根っこの部分では、自分は親に愛され信頼されているはずだと思っているので、見守っているだけで「私は大丈夫なんだ」と思えるようになります。ただ、怠けたい気持ちもあるので、なぜ頑張った方がいいのかを分かりやすく優しく諭していく必要もあります。

タイプ9の子どもに必要なのは、そっと見守りながら、大切な時には背中を押してくれる「先輩」のような大人です。


【困った行動／親の関わりのポイント】

◇周りの意見に左右されすぎる

周りに合わせすぎるところがあるので、親からすると「お友達に感化されるのではないか？」と、ひやひやすることがあるかもしれません。

周囲になじみ、友達とつながっている感覚を大事にしたいので、周りと同じになるために服装を変えたり、行動を変えたりすることもあります。しかし、自分自身では「この程度まで」という限度もあわせて探っていますので、親は「あなたを信じていますよ」という気持ちで関われば、はめを外す行動には出にくいタイプです。

◇ギリギリにならないと動かない

長期休みの宿題などはギリギリで、提出物なども締め切り間近にならないとやり出さない傾向があります。時間割を朝に準備して、朝になってこれがない、あれがないと言って親を困らせるということもありがちです。事前に準備するのが苦手で、ギリギリまでやらないというところがあります。そういった傾向があると理解し、見守ることも必要ですが、ギリギリになることで周りに迷惑がかかることがあれば、それを具体的に示すことや、時には一緒に計画を立ててそれを実行しやすくなるよう言葉かけをすることも大切です。

親と一緒に何かをすることは、親との温かいつながりを感じて安心感が増すので、やる気スイッチが入りやすくなるでしょう。

◇嫌だと思うとテコでも動かない

子どもが嫌だと感じることを何度も言ったり強要したりすると、頑固に抵抗することがあります。「押し入れに入って出てこない」といった、強硬手段に出ることもあります。

また、子どもの頃に言われて納得できなかったことが、大人になった今でも腑に落ちないと、それをずっと長い間心に持ち続けることもあります。

反応がないと思って何度も命令することは効果的ではありません。自分のことは自分で決めたいと思っているタイプなので、強い言葉で従わせようとすると、テコでも動かなくなる傾向があります。何度も注意することは避けて、本人が「それならやってみてもいいかな」と、思えるような小さなステップを用意して、一つひとつ階段を登っていけるように背中を押してあげると良いでしょう。


【欲しい言葉】

タイプ9の子は、自分の思いを表明すると、人とのつながりがなくなるのではないかと恐れています。最も深い願望は、「本当の思いを聞いてもらい、それをそのまま受け止めてもらう」ことです。

・あなたは○○が上手だね
・いつもありがとう
・一緒にいるとホッとするよ

・一緒にいると嫌なことを忘れられそう
・やればできる子だね

【実例①】人を怒らせず、引きずらない

◇子ども時代、どんなお子さんでしたか？

両親が共働きでしたので、近所に住む祖母が何かと面倒を見てくれていました。祖母は、私が何かにつけて「お人好し」なのが気に入らないらしく、お友達に求められるがままに家にあるお菓子を出してしまったり、自分のお菓子をあげてしまったりするのを見ては、小言を言っていました。私は祖母の小言を聞いて「お人好しっていけないのかなぁ〜？」と、思っていました。

いわゆる「良い子」だったと思います。弟が二人いましたので、夕飯の支度をしたり、弟の習い事の付き添いを親に代わって行ったりしていました。成績も普通よりやや良いくらい。特に目立つこともなく、真面目に過ごしていたと思います。

◇親の接し方で、傷ついたこと・嬉しかったこと

その時々は泣いたり悲しかったりしたのだと思いますが、あまり覚えていません。

母親が食事の支度をしている時に、私が隅っこで何かをすねて変な声を出しながら泣いていたのだと思いますが、「お母さんその声きらいっ！」とぴしゃっと怒られたのを覚えています。ずっとすねるとその泣き方をしていたようにも思うのですが、その時以来、私は一度も母親が嫌がる泣き方をしていないと思うので、もうどんな泣き方だったかも忘れました。

「これはこの人を怒らせたり、嫌な気分にさせるのだ！」と分かると、瞬時に封印してしまうところがあるからかもしれません。封印するので再発することもなく、そのうち遠い記憶に消えてしまいます。

親のさりげない言葉の中に「私を尊重してくれている」とか「私のことを褒めてくれている」と思えることがある時に、ちょっと嬉しくなりました。「お姉ちゃんは○○が上手よね」と、さらっと言ってくれたり、「うちの子、こういうことはしっかりやってくれててね…」と、他の人に話していたりするのを聞いた時に、ちょっと嬉しくなって心が温かくなりました。当時嬉しいとは思いませんでしたが、今振り返ると、母親は私の交友関係をよく覚えていました。さりげなく見守ってくれていて、いまどういう人と交流があるのかに関心があったのだと思います。

「私はあなたに関心を持っていますよ」ということがさりげなく伝わってきたので良かったと思います。

両親ともに、翌日にはリセットしているところがあったので、私も叱られても引きずることはありませんでした。その時その時で、リセットできると気持ちもすっきりします。

◇かけてほしかった言葉

これも、これといって枯渇感はありません。両親にとても大事に育てられたと思います。また共働きの両親に代わって私を育ててくれた祖母も、私のことをとても大切にしてくれました。

基本の深層部分で大切にされ、愛され、つながっている感覚があるので、親の帰りが遅いこともあまり寂しいとは思いませんでした。

発熱をして寝込んでいた時に、いつも帰宅の遅い母が早く帰ってきてくれて、外気で冷えた手を私の額にあてて「気持ちいいでしょ」とほほ笑んでくれたことは嬉しかったです。「大丈夫よ」と言ってくれているように思いました。

その日にかき氷を作ってくれて美味しく食べたのを思い出します。

【実例②】「ノー」とは言わない

◇子ども時代、どんなお子さんでしたか？

ひとことで言えば、親の言う通りにするおとなしい子どもでした。私は弟と二人兄弟なのですが、年齢が七つ離れているため、幼少期は一人っ子のように育てられました。

幼少期は、母親とは常に一緒で、離れなかったです。

三歳の時、保育園に入りました。親がいなくなって一人になった時、周りを見回してみると、みんなが積み木遊びなどをしているのですが、私はその場にいたたまれなくて、「帰ろう」と思い、保育園を飛び出して、家に一人で帰りました。横断歩道のところで、大人の人に声をかけられたのを覚えています。今から考えると、よく帰れたなと思います。

小学校に上がる前の一年間は地元の幼稚園に行きました。母親が心配し、送り迎えに付き添って通っていたそうです。買い物にいくのも母親と一緒。百貨店のような大勢の中では、母親の服の端を持って歩いていました。途中で違う人の服の端を持ってしまって迷子になったこともあるようです。それぐらい、母親とくっついていた感じがします。

また、母がやらせたかったのだと思うのですが、バイオリンを幼稚園から習い、小学校4年まで続けました。母に練習させられていました。

小学校1年生の時には、一人で文房具屋に買い物に行かされました。小学校2年生の時には、町の電気屋に乾電池を一人で買いに、小学校3年生の時には、散髪屋に一人で行かされました。小学校4年生の時には、家から母親の実家の最寄りの駅まで、一人で電車に乗って行き、小学校5年生の時には、いとこの家に行くのに、新幹線の新大阪から東京まで一人で行かされました。とにかく一人で行くことは大変で、大きなプレッシャーでした。

小学校6年生の時には、同じ学年ですが違う地域の子どもだけでキャンプに行かされました。

ここまで『行かされたこと』を書くのは、嫌で行かなかったこともたくさんあったからです。

地域の運動会のリレーで走らないといけないのに、駄々をこねて押し入れに隠れて行かなかったり、夏のプールにも行かなかったりしました。田舎の小学校でしたので、缶蹴りやかくれんぼなどに誘われて参加していましたが、図書室で本を読んだことや、親しい子二、三人でトランプで遊ぶこと、砂場で一人で遊ぶことが好きでした。

父親は、仕事で忙しい人でしたが、日曜日にはプロ野球観戦に連れて行ってくれたり、社員旅行につれていってくれたりしてくれました。

中学校に入る前に自分を変えようと思いました。

それまでは、友達の名前を呼び捨てにすることはできなかったのですが、中学校で初めて会う子の名前を呼び捨てにすることができました。バスに乗って塾に行くのも一人だし、一人で行動することの方が楽で、逆に大勢で行動することが本当は嫌でした。クラブ活動もやっていたし、友達が誘ってくれていたので輪の中には入っていましたが、みんなのペースで動くのは正直、嫌だったと思います。

◇親の接し方で、傷ついたこと・嬉しかったこと

母親からは「やればできるんだから」と言われて育ってきました。やってみると勉強でも運動でも人並みにできたので、みんなの輪の中に入れたのだと思います。

【内面の世界】

タイプ9の子は、人とつながりを持ちたいのに自分は人から見過ごされていると思って育った子どもたちです。自分が意見を言っても、無視されたり攻撃されたりと聞き入れてもらえないと感じて、本当の願望から意識を背け、小さな楽しみや代わりになるものに愛情を求めるようになります。

自分の意見がはっきりしたら、相手に「ノー」を言いたくなりますが、ノーを言い、対立が明らかになって相手とのつながりを失ってしまうことを恐れるため、自分の気持ちを明確にしようとしなくなります。その結果、自分の重要な欲求は見下し、自分に対して無関心になる癖がつきます。

こうして相手の意見に合わせているうちに、どの立場にも良いところがあり、みんなが正しいと思うようになります。

その一方で、人の勢いに流され人のやりたい方向に引きずられる傾向もあります。自分の意見を聞いてもらえないことには、深い怒りを無意識に感じていますが、それは封じこめています。それゆえ、意識を単純作業に向け没頭し、時間が過ぎ問題が消えることを待って、すべてが緩慢になってしまうこともあります。

このように、タイプ9の子は自分はノーと言わず、答えを保留しているだけと思っていますが、周りからは態度がはっきりしない人と見られ、答えを迫られます。問題や対立、葛藤をやり過ごせなくなると、頑固になってすべてをシャットアウトして聞こえないふりをし、すべての意見に耳をふさぐようになります。最後は激しく怒り、大切なつながりを自ら断ち切るような結果を招いてしまいます。

タイプ9の子は、とても忍耐強いのですが、とても頑固な面を持っています。

4

親としてのあなたは
どんなタイプ？
気をつけたいことは？

ここまで、各タイプの全体的な特徴と、それぞれのタイプの子どもたちの特徴を見てきました。

この章では、それぞれのタイプの方が「親」になったら、どんな親になるのか、それぞれの特徴と、気をつけたいことを見ていきたいと思います。

途中、耳の痛い話もあるかもしれません。しかし、皆さんに知っていただきたいのは、どのタイプだから良い・悪いというのはないということです。どのタイプの親も素晴らしいし、弱点もあります。ご自身のことを良く知り、悪い傾向が出そうな時に、客観的に自分をコントロールできるようになること、わが子と自分の特徴の違いを知り、違いを受け入れられるようになること、そういったことができるようになると、子育てはもっと楽しく、素晴らしいものへと変わっていきます。

タイプ1　正しさと高水準を求める親

【特徴】

タイプ1は、「人としてどうあるべきか」といった道徳的なことを大切に思っているので、子どもにもしっかりとした人になってほしいと思います。

やると決めたことは投げ出さないで、継続し努力することを大切に思っているので、子どもにも、物事に対して努力するべきだと思いがちです。

物事をより良くしたいと思っているので、より良くなるようにと、細かくいろいろなことが気になり指摘したくなります。

【陥りがちなミステイク】

タイプ1は、「人間は誰でも向上心があって、真実は一つ」と思っています。特にわが子に対しては、人としてこうあるべきという子育てをしたいと思っているので、自分が思う正しい方向に導いていこうとしがちです。

しかし、それは、子どもからすると、「自分の意見を聞いてもらえない、気持ちを分かってくれない、正論をかざして何も言えない状況になっている」と感じているかもしれません。

また、それほど努力を大切だとは、思っていない子ども（タイプ）もいますので、その子にとっては、息苦しいと感じてしまいます。

日々の生活において、「間違い」や「良くないこと」に自身が気づくほどに、なぜ他の人は気がつかないのだと思ってしまうと、イライラとした気持ちが高まることになり、いずれそれを爆発させるかもしれません。

タイプ2　世話を焼き、交流を求める親

【特徴】
タイプ2は、自分の子どもに対してその子が困らないようにとあれこれと世話を焼いた

り、先回りしたりして困らないように助けがちです。結果、過保護・過干渉になってしまう傾向にあります。

自分のことを後回しにしても、人に親切にすることを大切に思っているので、子どもにも人に親切にすることをとても良いことだと教えます。

自身が、感情表現が豊かな方なので、子どもがあまり感情を表さなかったりすると、何を考えているのかが分からなく感じて、不安になったりします。

【陥りがちなミステイク】

タイプ2は、人の世話をするのが好きなので、世話をする対象として子どもは大変愛らしく、心を満たしてくれる存在かもしれませんし、実際に子どもは世話を必要としています。

特に子どもが小さい頃はそれで良かったとしても、だんだんと子ども自身ができることが増えてきたり、自我が芽生えてきたりすると、子どもにとっては、タイプ2の親は自由を奪う鬱陶しい存在になってしまいがちです。

「自分のことは自分で決めたい！」と強く思っている子ども（タイプ）もいますので、その子にとっては、親切を「ありがた迷惑」と思ってしまうかもしれません。

また、自分の感情に気がついていない子どもや、それを出すのがうまくない子ども（タイプ）もいますので、タイプ2の親が無理に気持ちを聞き出そうとすると、ますます言わなくなってしまう可能性もあります。

タイプ3　結果重視で、ステータスを求める親

【特徴】

自分がカッコ良く見られたい、みっともないことはしたくないと思っているので、子どもにも身なりや態度に気をつかうようにと言うことが多いようです。

自分の子どもと他の子どもと比較して、自分の子どもが、より上の位置にいると満足する傾向にあります。つまり、子どもを自分のステータスの一つにしようとするところがあるのです。

物事を実行する時のプロセス（過程）における努力より

も、どちらかといえば結果を重視しがちなので、結果さえ良ければいいと考えてしまいがちです。

【陥りがちなミステイク】

タイプ3は、人から賞賛されるような成果をあげることを大切にしています。他の子どもと比べてはいけないと分かっていても、優れた子どもがいると、ついついその子と自分の子どもを比較し、それを口に出してしまうかもしれません。

しかし、子どもからすると、「自分はできない」と感じ、自己肯定感が下がる原因になることがあり、「もっと私を見てほしい」と、愛情不足を感じてしまう可能性があります。

また、それほど人からの評価を大切だとは思っていない子ども（タイプ）もいますので、その子にとっては、むしろ「人と同じであること」を褒めてほしいと思っているかもしれません。

子ども（タイプ）によっては、結果・成果よりもプロセスが大切と思っていることもありますので、成功か失敗かのように、成果にだけ着目するとますます子どもの気持ちが離れていくことになりかねません。

タイプ4　特別な才能や個性を求める親

【特徴】

タイプ4は、「人は誰でも特別な才能を持っている」と考えているので、わが子が持つ才能を伸ばしてあげたいと思う傾向があります。

画一的な教育やしつけを好まず、個性を大切にする教育や指導に魅力を感じる方なので、「叱るべきだ」と多くの親が思うような場面でも叱らないことがあり、また、自分はセンスが良い（美的センスがある）と思っていることが多いので、そのセンスを子どもと共有したいと思うことがあります。

【陥りがちなミステイク】

タイプ4は、わが子が持つ才能を伸ばしてあげたいと考えています。時に、多くの子どもがやっている平凡な習い事よりも、何か特別なことをさせたいと思う傾向にあるようです。そのため、子どもがやりたいことよりも親がやらせたいことを熱心にさせてしまいがちです。

しかし、それは、子どもからすると、やりたくないことかもしれませんし、無理にさせられていると感じてしまう可能性もあります。また、突出した才能を伸ばしたいと思っていない子ども（タイプ）もいますので、その子にとっては、無駄なことをしているように感じさせてしまうかもしれません。

美的センスは人それぞれですが、自身のセンスを子どもに押しつけようとしたり、ネガティブな言葉を口にしたりすると、子ども自身のセンスを伸ばすチャンスを奪うことになりかねません。

タイプ5　賢さや知識を求める親

【特徴】

知識を得たり観察したり、それらを分析することの方に興味があるので、実際の体験を軽視する傾向があります。

自身が感情表現を苦手に思っていることもあるので、子どもが感情的（子どもらしい態度）になると、どのように接して良いか分からなくなることが多いです。

常識にとらわれない面があるので、子どもに対しても、しつけをしたり社会的な常識を教えたりしていくことがおろそかになりがちです。

【陥りがちなミステイク】

タイプ5は、子どもに対しても「賢くあってほしい、知ることを楽しいと思ってほしい」と思い、学問に関することを熱心に教育しようとします。時に、自分の方が楽しくなってしまって「こんなに面白いのにどうして興味を持たないのかしら？」と、思ってしまうこともあります。

しかし、それは子どもからすると、無理に知識を詰めこまれているだけだと感じてしまっているのかもしれません。

また、それほど知識を大切だとは、思っていない子ども（タイプ）もいます。そのような子は、知識よりも実際の経験をたくさんしたいと思っている可能性もあります。

タイプ5の親に育てられた子どもは、普段から学問的な知識に偏って物事を伝えられることが多く、一般的な常識や、実社会で生きていくために役立つ経験や知識に触れることが少なくなるので、世の中に出た時に困惑してしまうこともあるかもしれません。

タイプ6　安定した将来を求める親

【特徴】

自身が将来の不安を感じやすいことから、子どもの将来の不安が少なくなるようにと、学歴や資格などを重視し、子どもにそれらが得られるように熱心に教育します。役割を果たすことを大切に思っているので「親としての役割」を果たそうと、子育てには、熱心に、積極的に関わる方です。

自身が心配性なので、子どもの安全のために行動をあれこれと制限したり、規範を守らせたりしようとします。

【陥りがちなミステイク】

タイプ6は、子どもを丁寧に温かく育てる一方で、子どもの将来が不安で、自分が確実に大丈夫と思えるような堅実な道を歩ませようとして、常にリスクを考え、そのリスクを事前に取り除いておかなければと考えます。

しかしそれは、子どもからすると自分のしたいことができないと感じることになってしまいます。子どもは、「自分の将来は親から指示されずに自分なりに考えたい」と、思っているかもしれません。

また、将来にそれほど不安を感じない子ども（タイプ）もいますので、その子にとっては、あたふたする親は、不信感を感じさせてしまうこともありそうです。

親自身が心配しすぎるあまりに、「これだけあなた（子ども）の将来を思ってやっているのに」との思いが強くなりすぎると、反対に子どもは親に縛られたくないと思って、反発を強くすることも考えられます。

タイプ7　楽しい人生を送ることを求める親

【特徴】

自身がいろいろな体験をしたいと思っているので、子どもにもたくさんの経験をさせようとして、多くの予定を入れがちです。物事を良い方向に考える人なので、子どもの気分が落ちこんでいる時も、肯定的に物事を捉えられるようにと、働きかけることがあります。

タイプ7は、次々とスピード感を持って素早く物事に対応する（できる）方なので、時に子どものペースを遅いと感じてしまうことがあります。

【陥りがちなミステイク】

タイプ7は、たくさん経験することを良いことだと思っているので、いろいろと予定を入れてしまいがちです。タイプ7の親であればこなせるスケジュールかもしれませんが、子どもからすると、その予定は、ペースが早すぎて大変であり、むしろ一つひとつを味わいながらゆっくりと体験したいと思っている子どももいるかもしれません。

また、それほど経験をすることを大切だと思っていない子ども（タイプ）もいます。その子にとっては、むしろ一つのことだけに集中して、静かに時間を過ごしたいと思っている可能性もあります。

また、総じて物事をポジティブに捉えがちなため、子どもが真剣かつ深刻に悩んでいるような状況にあっても、「何とかなる」という思いで接してしまいます。すると余計に子どもを辛い状況に追いやってしまう可能性もあります。

タイプ8

難局に立ち向かう力を求める親

【特徴】


タイプ8は、子どもも一人の「人」としてその存在を認めているので、本人の意志を尊重するような接し方をします。

自身が率直で正直な面が強いので、子どもにも正直に向き合お

うとする反面、子どもがウソをついたり不誠実なことをしたりすることに厳しくあたることがあります。

もともと特徴として、弱い者を守ろうとする傾向があるので、子どもを守ることに関しては一生懸命になります。

【陥りがちなミステイク】

タイプ8は、子どもであってもその意志を尊重しようと思っています。自分の思っていることも言う反面、わが子に対しては、自分が何をしたいのか、自分でいろいろなことを決めるように促す場面が多いようです。

しかし子どもからすると、分からない中でいろいろと決めるのは難しいと感じているかもしれませんし、相談したいと思っているかもしれません。

また、それほど自分で決めることを大切だとは、思っていない子ども（タイプ）もいますので、その子にとっては、自分ではなかなか決めることができないでいるままになってしまうかもしれません。

他方でタイプ8は、弱い者を守ろうとする思いが強いので、子どもを弱い存在として見た場合には、あれこれとすべて自分の言うように従うことを要求するかもしれません。しかしそうした親の態度は、むしろ子どもの依存や反発を強めてしまう可能性があります。

タイプ9　穏やかに過ごすことを求める親

【特徴】

タイプ9は、子どもを受け入れすぎるあまり、しつけができにくい面もあります。子どもは「そのままでありのままでいい」と思うことが多いです。

子どもの気持ちを理解し、温かく見守ることができる方であり、子ども本人が「やりたい」と言うことについては、なるべく反対はしたくないと思っていることが多いです。

友達とは、仲良くしてケンカなどをしないように接してほしいと思っているので、子どもがケンカをしたり友達の悪口を言うことを嫌がります。

【陥りがちなミステイク】

タイプ9は、いろいろなことをそのままでいいと思う面があります。そのため子どもに対しても、とても受容的な態度で接することをしますし、あれこれとあまり指示をする方ではありません。時に「そんなに頑張らないでいい」と言うこともあります。

しかし、それはそれで、子どもからすると、親はあてにできず放任されているように感じているかもしれません。

また、物事が「そのまま」でいいとは思っていない子ども（タイプ）もいますので、子どもが「頑張ろう」と思っている時に、親の態度に不満を持つ子どももいるかもしれません。

タイプ9はいろいろと言わないことで我慢している面もあるので、ある時それが限界に達すると、爆発したように怒ることもあります。そうすると親子関係が悪くなり、本当は仲良くしていたいのに、その理想から遠のいた状況を作ってしまうことがあります。

5

すれちがい親子でも
認め合える！
エニアグラムの知恵

エニアグラムは9タイプありますので、親子の組み合わせで考えると、実に81のタイプの組み合わせが考えられます。

この章では、いくつかのタイプの親子の組み合わせを取り上げながら、エニアグラムの知恵を借りつつ、子育てのアドバイスをお伝えします。

子ども独自の感性を認めつつ、現実に向き合う方法を伝える

～タイプ1の親と、タイプ4の子

タイプ1の親は、向上心があり努力家なので、やるべきことはやらなければと思い、嫌なことであっても真面目に取り組もうとします。

一方、タイプ4の子は、自分の今の気持ちや気分が大切で、時には空想の世界に浸り、現実が見えない状態になることもあります。そんな時に親が、「ちゃんとやるべきことを

しなさい」と、頭ごなしに叱責すると、子どもは「自分のことは分かってもらえない、自分はダメな人間だ」と思い、ふさぎこむ可能性があります。

自己否定につながりやすいタイプ4の子には、親は子どもの気持ちのタイミングをみながら、現実に目を向け、やるべきことをさりげなく示唆することが大切です。

またタイプ4の子は、他の子と同じであることを嫌いますので、親はみんながやっていることをやらないわが子に、イライラ・ハラハラするかもしれません。

子どもはルールや決まりを無視したり拒否したり、非常識なことをしたいわけではなく「自分らしさ」を表現したいのです。そのことを理解し、その子独自の感性を伸ばすことができると、子どもは自分を肯定しながら才能を発揮しやすくなります。

きっちりしたい子どもを受け入れ、時には力を抜く大切さを伝える

～タイプ9の親と、タイプ1の子

タイプ9の親は家族がみんな平和で穏やかに過ごすことを大切に思い、くつろぐことを

優先しようとします。

一方、タイプ1の子は、決めたことはきちんと守り、「やるべきことをやらずにくつろいではいけない」と、感じています。何か問題が起こると、タイプ1の子はすぐに勇んで解決しようと努力しますが、タイプ9の親は「それほど重要ではない」「時が解決するから」と、楽観的に構える傾向があります。

そんな緩やかな親の態度に子どもは不満を感じ、時に親を批判し指摘することがあります。一方で、親もキチキチした子どもに対し、どう対応したらいいのか分からず、両方がストレス状態になることもあります。

まるで正反対のようにも見えますが、裏表のない実直さと堅実さ、そして周囲を気遣うところなど共通する部分もたくさんあります。

親は子どもの真面目さからくる言動に対し面倒と思わず、考えや思いをじっくり聞いて、些細なことだと感じても一緒に考えて行動をすることで、互いの理解を深めることができます。親は子どもに対し、時には力を抜くことの大切さも伝えていけるといいでしょう。

すぐには手出しせず、弱みを出さない子どもの気持ちに寄り添う

～タイプ2の親と、タイプ8の子

タイプ2の親は、子どもを大切にし、思いやりがあり、愛情深く家族のことを常に気にかけ、子どもの世話をすることを楽しんでいます。

一方、タイプ8の子は、エネルギーにあふれ、自立的で、自分の力で解決することで自分の存在を感じようとします。自分のことは自分でやりたいと思っているタイプ8の子に、手取り足取り過保護に接していくと、子どもは「自分は何もできず、弱いと思われている」と感じ、反発することがあります。

子ども扱いし、世話を焼きすぎることは、タイプ8の子には効果的ではありません。

また、自分の思いを力強くストレートに表現する子どもの自己主張の強さに、親は「社会の中でうまくいかないのでは?」と、心配になることもあるかもしれません。

子どもが怒りを表現した時に「乱暴になったらダメ!」と強く叱ったり、時には諦めて黙ったり、一貫性のない曖昧な態度を取ってしまうと、子どもとの信頼関係を築くことが難しくなります。

まずは子どもの主張に耳を傾け、勝つことだけに固執していると感じた場合は、周りから弱いと思われたり軽く扱われたりはしていないことを冷静に伝え、子どもを落ち着かせることが大切です。

弱みを出せず傷ついているタイプ8の子の気持ちに共感できた時、子どもは自信を取り戻し、本来の力を発揮しやすくなります。

「何もできなくても、存在そのものが大事」と、自分にも子どもにも言う

～タイプ3の親と、タイプ2の子

タイプ3の親は、周りからどう見られるかを気にして、より良い評価を得るために行動する傾向にあります。そのため、自分や家族に利益がないことは避けたい気持ちが働くことも。

一方、タイプ2の子は周囲に頼られ動くことを喜びとし、周囲が必要としているものを察し、親身になって手助けしようとします。タイプ3の親から見ると、人のために時間

や気持ちを使いすぎて無駄をしているようにも見えるので、自分にもっと時間を使い自分を磨いてほしいと感じ、「自分のことをまずしてからだよ」と、言いたくなるかもしれません。

「人の役に立つことが自分の存在価値」と思うタイプ2の子にとっては、自分を優先することを強いられるのは、辛く苦しいことです。自己犠牲的になりがちなタイプ2の子には、自分と他者とのバランスを取ることの必要性や、そのための行動を一緒に考えることが効果的です。

また、タイプ2の子は、親の気持ちを察し、親の喜ぶ行動を取ろうとしますので、結果に目が行きがちなタイプ3の親の前では、結果を出そうと必死になる傾向があります。へとへとになる前に「何もできなくても存在そのものが大事」と、親自身も自分に言いきかせ、子どもにも繰り返し伝えていくことが大切です。すると、子どもは親の気持ちを受け取り、肩の力を抜いて他者同様に自分のためにも頑張れるようになります。

些細なことでも努力を認め、一つひとつ丁寧に褒める

～タイプ3の親と、タイプ9の子

タイプ3の親は、テキパキと物事を効率的に進めていき、成果を出そうとします。やるからには失敗なく、要領良く目的を達成したいという気持ちを持っています。

一方で、タイプ9の子は、周囲との穏やかな調和ある状態を好み、周りより抜きん出ようとはせず、むしろ控え目でゆっくり行動します。そのため、タイプ3の親は、タイプ9の子に意欲や向上心を感じにくく、もっと積極的、効率的に行動できるようにとつい先回りして指示したり口を出したりしがちです。

タイプ9の子は小さなことでも、ゆっくりコツコツと目標に向かっていきます。

タイプ3の親にとってはまだまだだと思うことでも、子どもの努力を認め、一つひとつ丁寧に褒めていくことによって、子どもは自信をつけ自らの能力を伸ばすことに関心を持ち、力を発揮するようになるでしょう。

懐深く、子どもの自由な生き方を見守る

～タイプ8の親と、タイプ7の子

タイプ8の親は強いパワーを使って、全力で子どもを守ろうとします。家庭の中を把握して決定権を持とうとし、子どもにも、自らが大事にしている自立心・独立心を持つことを良しとし、鍛えようとします。

一方でタイプ7の子は、自由な生き方を求め、次々と興味があることに目が移り、「あれこれ楽しみたい、自分のことは自分で決めたい。」と思っています。

親が良かれと思うことを強く押しつけたり、細かいことを注意したりすると、子どもは不自由さを感じ、反発したり、返事だけしてその場から逃げだしたりします。

未来志向で幸せでありたいタイプ7の子どもには、最低限守らなければいけないルールだけはきちんと伝えて、後は信頼して好きなことを自分で体験しながら見つけさせる方が効果的です。

子どもは自分らしく生きる道を自分で切り開いていきます。タイプ8の親は、持ち前の懐の深さと度量で子どもを見守ることが大切です。

頑張りを認め、目標達成のステップを一緒に考える

～タイプ5の親と、タイプ3の子

タイプ5の親は、一人の世界を好み、思考を働かせることは得意ですが、感情の機微に疎いところがあり、子どもの気持ちにフォーカスすることは苦手です。子どもへの声かけも積極的ではありません。

一方、タイプ3の子は、親の意を汲み取って、どうしたら認められるか、褒められるかを探しながら行動しますので「手のかからないものわかりのいい子」と映るかもしれません。注目を集めようとつい頑張る子どもに、親が「この子は手をかけなくても大丈夫」と安心して放置してしまうと、子どもは寂しく満たされない思いになってしまいます。子どもの頑張りをしっかり認め、「あなたを大切に思っている」と、たくさん伝えてあげてください。

また、タイプ5の親は、表現がそっけないと感じられることがあります。

一番になれなかった・目標が達成できなかった子どもに対して、「頑張ったのだから、一番になれなくてもいいじゃない」という言葉は、慰めにはなりません。

目標達成を重要視する子どもには、どうしたら達成できるのか、その方法を一緒に考え、次のステップ（目標）を明示するような伝え方が大切です。ただし、次の目標が大きすぎると、達成できないと感じモチベーションを下げてしまう可能性もあるので、ちょうど良いところに目標設定するような気配りが必要です。

多くの体験や感情を共有して、「自分を慈しむ力」を育てる

～タイプ4の親と、タイプ2の子

タイプ4の親は、子ども一人ひとりの個性を尊重し、子どもの気持ちを大事にし、子どもの希望を尊重する子育てをしようとします。一方タイプ2の子は、親が期待することに合わせようとして「親は何をしてほしいのかな？」ということを第一に考えます。

親が「好きなものを選んでいいよ」と言った時、「何でもいいよ」と自分の意見を言わない子どもに対しては「自分の意見はないの⁉」「人に合わせてばかりでは、個性が育たない！」と感じてしまうかもしれません。

けれども、人と違う個性を持つことを子どもに強要することは、タイプ2の子にとっ

ては大きな負担を感じさせることになりかねません。

タイプ2の子は、誰とやるかや、一緒にやることで目の前の人が喜んで笑顔になってくれることを、何より大切にしています。親の気持ちも伝えつつ、子どもの気持ちにも寄り添い、多くの体験や感情を親子で共有する中で、子どもが自分自身を大切に慈しむことができるよう、育てていきましょう。

心配しすぎずに、子どものペースとセンスを信じる

～タイプ6の親とタイプ4の子

タイプ6の親は、集団の中でみんなと一緒に仲良く過ごすことが良いことだと考えます。ルールを守りながら協力し、何かを作り上げたりすることに喜びを感じるのです。

一方で、タイプ4の子は自分らしさを大切にし、しばしば空想の世界に入りこんでしまうので、一人でいることは嫌ではありません。むしろ自分の空想の世界を邪魔されて、無理に人と一緒の行動をさせられることを好まないと言えます。

タイプ4の子の行動を見て、「人と違うことをしていて人から嫌われてしまうのでは

ないか、仲間に入れないのではないか」と、タイプ6の親は心配になってしまいます。集団に入れようとしても抵抗する子どもに対し、気まぐれでわがままだと感じて将来を心配し始めます。

タイプ4の子は、集団行動はどちらかというと苦手ですが、感性が豊かで人の心を感じ取り、人に寄り添うことは得意なので、本人のペースとセンスで人と関わり、少人数ながら心から信頼できる人間関係を築いていくことができます。心配をしすぎなくても大丈夫です。

メリット・デメリットを教え、自由な子どもの行動を見守る

～タイプ5の親とタイプ7の子

タイプ5の親は、一人で静かに過ごすのを好む傾向があり、落ち着いています。

一方、タイプ7の子は、明るく活発で好奇心旺盛。物言いもハッキリしています。次から次へ興味が移り変わる子どもの様子に、タイプ5の親は、「落ち着きがない、将来は大丈夫だろうか」と、心配になるかもしれません。

タイプ7の子は、いろいろと試して、その中から自分のお気に入りや自分に合うことを見つけ出したいのです。例えば数種類のお菓子があれば一通り食べてみたいし、クレヨンがあれば全部の色を使ってみたい。そうやって、一番のお気に入りを見つけ出すのです。

危険がある場合や（親側の）負担が大きすぎる場合を除いて、自由にさせてあげることは大切です。「自由」がないとしおれてしまいそうですが、好き勝手な言動が本当の「自由」ではないことは、ぜひ教えてあげてください。思考が優位に働く子なので、メリット・デメリットを踏まえた上で話せば理解してくれます。ハラハラすることもあるかもしれませんが、見守ってあげることで活き活きと自分の世界を切り開いていきます。

近づきすぎず、十分に子どもが考える時間を確保する

～タイプ2の親と、タイプ5の子

タイプ2の親は、思いやりがあり、子どもを大切にし、家族を喜ばせ、楽しませます。人間関係がとても重要で、相手の役に立たなければいけないと思っています。

一方でタイプ5の子は、知識欲があり、自分の興味のあることに夢中になります。興

味のあることについては、雄弁で真剣です。あまりものを欲しがることもなく、自ら進んで目立つようなことはしません。

タイプ2の親から見ると、知識への好奇心があり、学習面では心配することはなさそうに感じますが、親にもあまり頼らず、子どもからの要求も少ないので、親として役に立っているのか、気持ちが伝わっているのか不安になり、ついつい干渉したくなるかもしれません。

子どもと気持ちを交流させたくて、黙っている子どもに何度も話しかけて近づこうとし、心の交流にあまり興味のないタイプ5の子からは疎まれるということも起こりそうです。

タイプ5の子には近づきすぎず、遠くから見守り、いつでも味方でいることを示すだけで十分です。

また、タイプ5の子は、知識や能力に対するこだわりが強いので、考える時間を制限されることを嫌がります。十分に一人で考えられる時間を与え、考えを整理できるように環境を整え、まとまった時に しっかり聞けば、自分の意見は自信を持って発言できるようになります。

褒められたい気持ちを察し、十二分に褒める

～タイプ6の親と、タイプ3の子

タイプ6の親は、規範を守ることを大切にし、自分に与えられた「親」という役割を果たそうと、親にできることは何でも一生懸命しようと考えています。

一方で、タイプ3の子は、親の期待や一生懸命な想いを敏感に感じ取り、その期待に沿った行動や自分の思いより、親が喜びそうな選択をしようとします。学校などでは良きリーダーとして先生に頼りにされることも多いです。

周りや状況に合わせられることを好むタイプ6の親は、タイプ3の子のような行動を褒めたくなることでしょう。タイプ3の子は親から褒められると、自分が良い子であることをもっとアピールしたい気持ちになり、時には友達や兄弟を悪く言ったり、見栄を張ってみたりすることがあります。するとタイプ6の親は、親としての責任を果たすことを大切にしていますので、悪口を言ったり、見栄を張る子どもをちゃんとしつけなければと感じ、強く叱責することになったりもします。

「褒められる行動をしなければ自分には価値がない」と思ってしまうタイプ3の子の気持ちを察し、親は、「ありのままのあなたでいいんだよ」と、言葉で伝えることはとても大

切です。それと同時に、責任を果たせない、親らしくない時がある自分に対しても、「そんな自分でもいいいんだよ」と、言ってあげることも時には必要です。

改善策を言う前に、いつでも相談に乗るよと伝える

～タイプ1の親と、タイプ6の子

タイプ1の親は、何か問題が起こった時、自分が正しいと思ったことに関しては、自信を持ってすぐに行動できます。一方、タイプ6の子は、自分の判断に自信が持てず、周りはどうなのかが気になり、今までとやり方が違うとオロオロし始め、優柔不断な態度を取ります。

そんな時親は「しっかり！」と叱咤激励したくなるかもしれませんが、それでは子どもが感じている不安を和らげることはできず、余計に委縮させることになります。

叱る前に家族（親）はいつでも味方であること、何を話してもいい場所（人）であることと、困ったことに対する具体的な対処方法を伝えてください。

タイプ1もタイプ6も常識的で責任感があり、コツコツ継続する力があるので、お互い

を認めやすいのではないでしょうか。親は子どもの誠実さや責任感の強さ、協力的で献身的なところをしっかり認めたうえで、子どもの不安を和らげながら自信を持って進めるよう促すことが必要です。

要領が良くないと思っても、手を抜かない姿を応援する

～タイプ7の親と、タイプ1の子

タイプ7の親は、細かいところまで気にせず、明るい雰囲気で、子どもにはたくさんの体験をさせることが大切と思っています。

一方タイプ1の子は、「物事をきちんとやらねば」という想いが強く、丁寧にじっくり、一つひとつ積み上げていこうと努力します。要領良くちゃっちゃとやれるタイプ7の親から見ると、タイプ1の子は、生真面目で融通が利かず、頑なな子どもだと見えるかもしれません。

一方で子どもの方は、一貫性がなく、物事を軽く捉える親に不信感を持つ可能性もあります。

「良い子」であろうと一生懸命に努力し、時間をかけて完成させようとする態度に対しては、「ちゃんといいものに仕上げたね」「本当に頑張ったね」と、子どもを認め、尊重することが大切です。

また、時には一緒にワイワイと開放的に遊ぶことが親にとっても子どもにとっても、幸せな時間となるでしょう。

大雑把に捉えず、事実や理由を順序立てて説明する

～タイプ8の親と、タイプ5の子

タイプ8の親は、存在感があり堂々としていてパワフルです。率直に正直に自己表現し、活動的に情熱的にふるまいます。一方タイプ5の子は、喜怒哀楽をあまり出さず、感情的なやり取りを苦手だと思う傾向があります。

弱さを認めにくいタイプ8の親と、冷静に客観的に事実を見ようとするタイプ5の子どもは、関係性の構築に工夫を必要とするでしょう。

タイプ8の親がパワーでコントロールしようと自分の理屈を頭ごなしに言うと、子ども

は「この親には何を言ってもムダ」と、どんどん内面の世界にひきこもり、抵抗反発しますから、まずはその背景や理由を順序立てて説明する必要があります。

また何かに挑戦させたり、新しいことに取り組む必要がある時は、あらかじめ準備する時間や、それについて調べたり練習したりする時間を設けてあげてください。

何かしてあげても子どものリアクションが薄いのでタイプ8の親は歯がゆいかもしれません。また学校での様子など話すまでに時間がかかるかもしれませんが、「どういうことに興味を持ったの？」「どんな情報収集をしてきたの？」と、具体的に事実を聞いてあげると、タイプ5の子は、話しやすいと感じるでしょう。

元気そうに見えても、本当は傷ついている子どもに寄り添う

～タイプ4の親と、タイプ8の子

タイプ4の親は、繊細な感情を持ち、人の気持ちに敏感で、感受性が豊かです。

一方、タイプ8の子は、自分のことは自分でするという独立心を持ち、力強さを良しとし、エネルギッシュで活動的です。親の理解が得られなくても進んでいく傾向があり、タ

イプ4の親にとっては扱いづらいと感じることがあるかもしれません。

相反するように見えるタイプ4とタイプ8ですが、自分に正直で、こうと思った自分の正義は曲げずに突き進んでいく強さを持っています。

まずは「どうしたいのか」と子どもの気持ちに耳を傾け「味方だよ」ということを伝えた上で、周りの人たちの気持ちも伝え感じさせていけば、持ち前のリーダーシップを発揮しながら、家族や友人の意見も取り入れる姿勢が育っていきます。

本当は深いところで傷ついているタイプ8の子の心に親が寄り添うことで、子ども本来の「相手を守ろうとする優しい心」が浮かび上がってきます。

何とかなると思えることも、子どもの不安に寄り添う

～タイプ9の親と、タイプ6の子

タイプ9の親は、物事は何でも、そんなに悪い方向にはいかないと肯定的に捉えがちで、自然の流れに任せて「何とかなる」とどっしりと構えています。

一方で、タイプ6の子は、何かをする前にまず悪い結果を考えてしまい、安心するため

に必要以上に準備に時間をかけ、それでも親に安全かどうかを確認しに来ます。

タイプ9の親は、恐がって前に進めない子どもに対して、何とかして安心させようとしますが、どんなに「大丈夫」と言ってもなかなか動かない子どもに対し、自分の無力さと疲れを感じてしまうこともありそうです。

本来、タイプ6の子は、努力家で責任感が強く、安心な場所ではその力を大いに発揮して人から大きな信頼と好意を持たれます。安全な場所とは、自分で自分の力を認められる場所、自信を持てる場所のことです。

親は、子どもの環境や未来の安全を、ただ「大丈夫」と説き伏せるのではなく、子ども自身の不安に寄り添い、一緒に不安を取り除くための対策を練り、本来の持てる力に対して、「あなただったら大丈夫」「私がついているよ」と、背中を押し励ましてあげることが大切です。

親がついていてくれるという安心感があれば、子どもは自信を持って誠実に関わり、自らの力で自分の道を切り開いていけるようになります。

スピードの違いを認識し、子どもにペース配分を伝える

～タイプ7の親と、タイプ9の子

タイプ7の親は、人生でたくさんの体験を積み、スピーディに行動することを好みます。また、自分の欲求は伝えないと実現しないので、臆せず言おうとします。

一方タイプ9の子は、マイペースで落ち着いていて、控えめであくせくせず、ルーチンをこなすことも厭わずにできます。

なかなか次の行動に移さない、主張しない、自信がなさそうなタイプ9の子を見ていると「もっと早く」「もっと主張して」「もっと自信を持って」とタイプ7の親はやきもきしてしまいます。一方、タイプ9の子は、内面に自分のことは自分で決めたいという頑固さを持っていますので、急かされたり、根掘り葉掘り聞かれたり、押しつけられたりすることを嫌います。

親は、子どもの「地道に一つのことをやり続けられる力」を認めながらも、時には行動することや自分の気持ちを言うことの大切さを伝えていくことが必要です。

親は、タイプ9の子の「力強く粘り強い面」を尊重し、自分へも取り入れようと努める

一方、子どもへは、タイプ7の親の「行動力」を模範として示し、活動することの喜びを感じさせることで、お互いに成長し合える関係になれます。

6

現代を生きる親子にエニアグラムを伝えたい理由

長年、エニアグラムを使って親子のサポートをしてきた二人で、エニアグラムを学んで良かったことなどについて、話をしました。

鈴木詩織・・・日本エニアグラム学会　アドバイザー
株式会社おうち受験代表、受験コーチング協会代表理事。
エニアグラムとコーチングを組み合わせた手法で、子どもたちが自分らしく、より良く生きるサポートをしている。

内田智代・・・日本エニアグラム学会　副理事長／ファシリテーター
親業訓練シニアインストラクター。
学校や子育て支援、企業や商工会議所などで「笑いと人情味あふれる」講演会や講座を多数開講している。

「ありのままの自分でいいんだ」と感じること

内田：最近は、学校だけでなく企業からのエニアグラムの講演依頼も増えています。これだけ広がってきているのは、自分や人を知ることが関係を良くするということが、認知されてきたのかなと思います。エニアグラムの講演会やワークショップに来た人たちは、「自分は自分でいいんだ」と思って帰っていかれるのですが、子どもの時からそう思えたら、幸せですね。自己肯定感に結び付きます。

鈴木：ありのままでいいんだと認めてもらうこと、自分でも認められるようになることは、とても大切ですね。

教育という観点でものを考えると、「既存の枠組

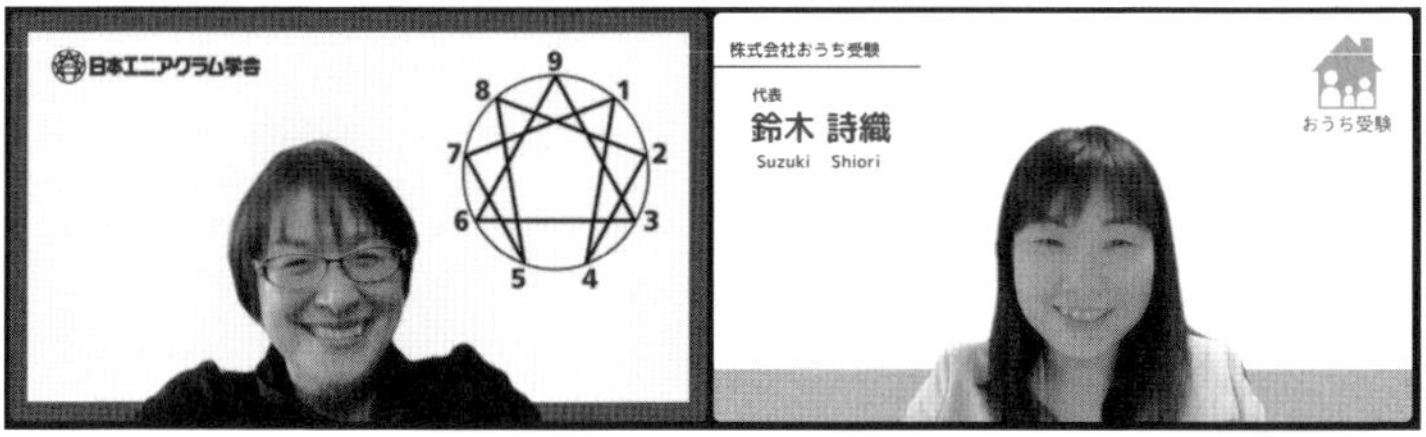

みに子どもを合わせる」という側面が強くなるのですが、逆の発想で、それぞれの子どもが持っている個性に合わせて環境を整えていくと、実は、もともと持っている素質がぐーんと伸びてくるということがあります。子どもの個性によって、伸びる環境や声かけは異なってきますので、うまく合わせてあげられると良いなと思います。

内田：講演会に行くと、自分の愛情がたりないのではないかと自分を責めて泣く親がいます。そんな時「いくら愛情をあげても足りないと思う子がいます。お子さんはそのタイプかもしれないですね」とお伝えします。いろんなタイプの子がいることを知っていれば、必要以上に親は自分を責めることはなくなりますね。

鈴木：自分のせいではなく、もともとこういう子なんだと分かると、親も救われますね。子の性格に関わる部分に親の影響は10％あるかどうかだと言われます。半分は生まれた時にＤＮＡで決まっているので、本当は必要以上に責める必要はないんです。性格は一番変わらないところと言われているのですが、一生懸命人の性格を変えようとして、変えられなくて、自分を責めている方もいらっしゃいます。

内田：自分を責めがちなタイプがありますね。ワークショップに来て、いろんな人の話を聞いて、今までずっと頑張ってきたことに気づき、もう自分のことを責めなくていいんだと肩の力が抜ける方がいます。当たり前すぎて分からない自分の特徴は、人と比べてみて初めて気づくもの。自分らしさに気づき、自分を許しねぎらう瞬間に立ち会うと、こちらも涙が出そうになります。

鈴木：親自身を癒すところからですね。自分が癒されると、周りの人に対しても寛大になれます。

内田：自分にも人にも寛大になれると余裕が持てて、親子関係がギスギスしなくなります。自分も子どもも追いつめないですむので、楽になりますね。

子どもが成長できる環境

鈴木：お子さんは親が大好きです。親が自分を責めているとお子さんが傷つきます。「どうしたらお母さんは傷つかないかな」と、お母さんの顔色ばかり見るようになると、お子さんの自己成長がゆっくりになってしまいます。

内田：子どもが、自分のことだけ考える環境にしてあげたいですね。

鈴木：子どもたちは、自分のことを考えられるようになると、力がどんどん引き出されます。言われなくてもできるようになっていきます。毎日会っていると気がつきにくいですが、親がわが子の成長を発見できるようになると、親子関係って変わります。

内田：「これまで子どもが何を考えているか分からなかったけれど、エニアグラムを学び、子どものタイプが分かって、今までの行動の意味がやっと分かった！」とおっしゃる方がいます。根こそぎ違うという意味が分かったら、無駄に心配するのはやめて、心から子どもの行動を応援できるとおっしゃっていました。

鈴木：素晴らしいですね。エニアグラムを学ぶと、タイプが違うというのは、程度が違うとかそういうことではなくて、向かっている方角が違うというか、見ている景色がまったく違うと気づかされます。親が思う方向に子どもが育たないと、心配になると思うのですが、一方で、いろんな能力が足並み揃えて高い基準で育つ人はいないですね。凸凹があって当然で、凸凹のまま子どもは育って、凸の部分が将来仕事になります。

内田：「人は凸凹しながら育つ」という見方ができるといいですね。エニアグラムは自分も人も客観的に見るという学びなので、物事を客観的に見る訓練がだんだんできてきます。少し離れた位置で子どもを見ると、子どもへの発見があります。９つのタイプがあることを知ると、狭い視野だけで見ていた自分が見えてくる。そして、これまでとは違う子どもの面白さに気づき始めます

鈴木：エニアグラムを学んで視野が広がり、子どもの良いところが見えるようになった、と言う方、結構いらっしゃいますね。

内田：「子どもが自分とあまりに違うから、行動も面白いし、話を聞いて『へー』って思うことがある」とおっしゃっている方がいました。どのタイプも素晴らしいとわかっているから、楽しめるんですよね。

鈴木：エニアグラムを通して、子育てが楽しい！　と心から思える親を増やしたいですね。

あとがき

この本を通して、9つのタイプそれぞれの方の素晴らしい内面を、皆さんも垣間見ることができましたでしょうか。

同じ人間なのに、こんなにも見ているもの、感じていることが違う。これは、エニアグラムを学ぶほど、私が実感していることです。こういった、ものの見方の違いは、時としてお互いを補完し合うように働くこともあり、時として衝突や行き違いの原因にもなります。

今皆さんは、自分と他者の「違い」に目を向けるきっかけを得られたことと思います。これを、さらにご自身の成長に、周りの方との円滑なコミュニケーションに活かしていただくべく、ぜひエニアグラムを学び続けていただけたらと思います。

先の『おうち受験コーチング』も多くの方に支えられ、出させていただくことができましたが、今回の『おうちエニアグラム』はさらに多くの方の支えがありました。
『おうち受験コーチング』の大きな反響のひとつにエニアグラムに関してもっと知りたいというのがありました。そのような反響に応えるには、より正確により広い視点からエニアグラムについてお伝えしたいとの思いが高まり、私自身も所属しているNPO法人日本エニアグラム学会へ共著の打診をしました。

理事長の本永孝彦様には、原稿への加筆修正や分かりやすい構成へのアドバイス、さらには質問群などでも、ご協力をいただきました。すでに学会で使われている資料類も快く、今回の執筆にあたり開示いただき利用の許諾もいただきました。ありがとうございました。

また、同会の副理事長の内田智代様とは、本書にもあるように対談しましたが、当初から意気投合をしたこともあり、学会として全面的な協力をいただきました。子ども時代のエピソードや親と子の関係などは、タイプごとに、会員の方に書いていただいています。内田様には、学会内での執筆の依頼や原稿の確認・整理など、多くの部分でご協力いただきました。

本永様、内田様には、当書籍をより良いものにするために、何度も何度も原稿の見直し、お打ち合わせをさせていただき、おかげさまで大変良い書籍ができました。

それぞれの内容（タイプごとのエピソードなど）は、自分のこと（性格タイプ）をよく理解されている学会ファシリテーターの方だからこそ書いていただけたのだと思います。淺野久恵様、沖昌幸様、菊地貴雄様、久保薗昌良様、桑山直幸様、小池智津子様、小又茂子様、酒井圭子様、佐野佳子様、髙橋有加様、武石真様、立川千穂様、千田眞弓様、築地麻子様、富澤優江様、中村由佳様、野田恵美子様、藤岡美保様、北方理子様、本庄愛倫様、山田純子様、山田琳子様、吉岡和世様、吉野貴子様、渡辺眞理子様　ありがとうございました。

イラストを描いてくださった、学会ファシリテーターの黒川滋行様も、タイプの特徴を捉えた的確なイラストを描いていただきました。ありがとうございました。

出版にあたっては、前回同様に、みらいパブリッシングの小田様、とうの様に今回も大変お世話になりました。なかなか原稿が進まない中で、励まし見守っていただきありがとうございました。

そして、今回もかなりの時間をこの本のために割く日々を支えてくれた家族にも最大の感謝をしています。

この本を手に取っていただいたお一人おひとりに感謝申し上げると同時に、より良い親子関係、より良い未来を手に入れられることを心から願っています。

【参考文献】
『おうち受験コーチング』鈴木詩織著（みらいパブリッシング）２０２１年
『本当の自分と出会う　エニアグラム』日本エニアグラム学会編（ブックコム）２０１７年
『新エニアグラム』ヘレン・パーマー著（スキャン・コミュニケーションズ）佐々木和恵編・訳１９９６年
『新版　エニアグラム【基礎編】』、『エニアグラム【実践編】』ドン・リチャード・リソ&ラス・ハドソン著
高岡よし子、ティム・マクリーン訳（株式会社ＫＡＤＯＫＡＷＡ）２０１９年
ＮＰＯ法人日本エニアグラム学会　ホームページ https://www.enneagram.ne.jp/

親T5	親T6	親T7	親T8	親T9
頑張りの プロセスを 認める	周りとあわせない 頑固な正しさも 一旦は 認める	真面目さを 認め、 遊び方を教え 一緒に楽しむ	子どもの正しさを 応援し 時に 別の正義も示す	質問に 対して、 一緒に ちゃんと考える
感情を 認めつつ 論理的な考え方も 教える	人を 大切にする 姿勢に共感し、 認める	自分も 楽しんで いいことを伝え、 一緒に楽しむ	甘えてきたら、 しっかり 受け止めて あげる	人のことを 大切にする 優しさに 共感する
成果を 褒めつつ、 よりよい考え方も 伝える	縁の下の 力持ちで いられた時は しっかりほめる	失敗に 寄り添いつつも 次に活かせると 伝える	いくらでも やり直せる ことを 伝える	出る杭に なること、 目立つことを 応援する
感情的で あることに 付き合う	人と 同じでないと 将来を 心配せず、見守る	ネガティブな 感情を 軽く扱わず 向き合う	思う存分 表現する ことを 見守る	ネガティブな 感情も 受け止め、 一緒にいる
意識して 親子の コミュニケーションを 取る	常識がない 行動をしても 非難せず 理由を聞く	一人の時間を 見守りつつ 時に外で 一緒に遊ぶ	一緒に遊び 身体を動かす 喜びを 体験させる	解決だけが 大切では ないことを 教える
分かりやすく 解説して、 導いて あげる	不安に なりすぎて 心配を 植えつけない	心配することを 認めつつ 明るい方向を 示す	不安で 決まられない 気持ちを 受けとめ見守る	慎重さを認め 不安を 和らげるように 対応する
慎重に考え じっくりやる 良さを 経験をさせる	「常識がない」 と小言を 言いすぎない	一緒に ノリよく 行動しつつも 節度を伝える	一緒に 行動し 楽ではないことも 経験させる	次々に 興味が向くことに 一緒に 付き合う
行動すること、 体験することを 応援する	常識や 他者を 気にしない姿勢を 受け入れる	真剣に 本気で 行動することを 尊重する	本音で 話し合うが、 傷つけない言葉を 選んで	時には はっきりとした 態度で 意見を言う
問題解決の 方法を 一緒に 考える	やるときはやると 信じて ゆったり 構える	ゆっくりも 認め、 行動する喜びも 伝える	勝敗に こだわらない ことを 認める	目標を 決めて やりきることを サポートする

	親T1	親T2	親T3	親T4
子T1	頑張り すぎない ように 一緒にゆるむ	自分に 厳しく なることを 見守る	成果が でなくても 努力を ほめる	真面目さを 認めつつ、 違う見方も あることを示す
子T2	人を 大事にする 姿勢を 褒める	親子が べったり なりすぎない ように	自分より 人を 優先できることを 認める	他人の ことへ 気が向くことを 肯定する
子T3	成果を 褒め、 努力したことを 認める	成果に こだわり 人に冷たくなることを 見守る	子どもと 競争 しない	成功だけが 全てでは ないことを 伝える
子T4	気分の 波が あることを 認める	自分の ことばかり することを 認める	個性を 抜きんでている 才能と 捉える	自分と 違っても 子どものセンスを 受け入れる
子T5	考えを 認め、 現実的かどうかを 一緒に考える	気持ちを 聞くのではなく、 事実を 冷静に聞く	ただ調べることを ムダだと 思わず 応援する	理屈に対し 感情的にならず、 話を 冷静に聞く
子T6	人の意見に 流される こともある と認める	自分で 決められるように、 静かに 促す	優柔不断で あっても、 その良さを 認める	将来への 希望を いっしょに 考える
子T7	管理しすぎない。 ずっと楽でも 良いと認める	自由に 行動することを わがままと 決めつけない	楽しみながら やることを 認め、 一緒に楽しむ	親子で 自由に 好きなことを 楽しむ
子T8	そのまま、 その子の 正しさを 受け入れる	強さの 中の 優しさを 認める	失敗しても チャレンジした 勇気を 褒める	細やかで ないことも 個性として 認める
子T9	本人なりの 努力を 認め、 受け入れる	何もしないで いる時も そのまま 手出ししない	ペースを 認めつつ、 時に急ぐ 大切さも伝える	平凡で いることも 認めて あげる

『おうち受験コーチング』　鈴木詩織　(みらいパブリッシング)

3486 人のやる気を上げた、受験のプロが直伝、
1 か月で偏差値 15 アップする勉強法！

「塾を変えたほうがいいの？」
「もっと勉強しなさいって言うべき？」
本書では、子どもの性格を 9 タイプごとに理解し、その子に合った声かけと環境作りで、受験勉強を成功へ導くコーチング手法を紹介。「効率の良い学習方法」を知るだけで、子どもは勉強を楽しいと感じ、前向きに取り組むようになります。
" 声かけだけで、こんなにも変わる！ "
" 親の主観や思いこみではなく、客観的な視点から子どもに寄り添うための具体的な方法 "
" 個性に合った声かけと環境作りを学べる "
" 人間の本質に切りこんだすごい本 "
など、アマゾンレビューでも大好評。 教育プロデューサー・カリスマ予備校講師出口汪先生も推薦。 中学受験、高校受験、大学受験、受験をひかえた子どもを持つ親御さんたちの必読書！

鈴木詩織（すずき・しおり）

株式会社おうち受験代表。一般社団法人受験コーチング協会代表。

親子向け受験コンサルタント。

日本エニアグラム学会アドバイザー。

愛知県在住。2児の母。

エニアグラムとコーチングを組み合わせた手法で、子どもたちが自分らしく、より良く生きるサポートをしている。

また、学習習慣コーチ、受験コーチ養成講座を開講し、認定資格を発行。

花まる子育てカレッジ、ズボラ主婦連盟など講演多数。

著書に『おうち受験コーチング』みらいパブリッシング
おうち受験コーチング　https://jukencoaching.com/

受験コーチング協会　https://jukencoaching.org/

日本エニアグラム学会

1989年 日本に最初にエニアグラムを紹介する組織として設立される。
2003年 NPO法人化。
エニアグラムを通して、すべての人が、自分らしく自立し、同時に周りと調和する新しい生き方を支援することを活動目的にしている。
年間、延べ80コース以上のワークショップを開催し、参加者は1500名以上。
会員は326名、有資格者（日本エニアグラム学会認定資格）は、約250名（2022年現在）。
（事務所所在地：東京都目黒区、理事長：本永孝彦、副理事長：内田智代）
書籍：『自分探しの本』（1990）、『本当の自分と出会うエニアグラム』（2017）
メールマガジン：『エニアグラム《自分探しの旅》』2003年より発行中

URL　https://www.enneagram.ne.jp/

おうちエニアグラム

すれちがい親子《おやこ》承認《しょうにん》メソッド

2023年6月26日　初版第1刷

著者　鈴木《すずき》詩織《しおり》 / NPO《エヌピーオー》法人《ほうじん》日本《にほん》エニアグラム学会《がっかい》
発行人　松崎義行
発行　みらいパブリッシング
〒166-0003 東京都杉並区高円寺南4-26-12 福丸ビル6F
TEL 03-5913-8611　FAX 03-5913-8011
https://miraipub.jp　mail：info@miraipub.jp

企画　田中英子
編集　小田瑞穂、とうのあつこ
ブックデザイン　則武 弥（paperback Inc.）
イラスト　黒川滋行、飯塚まりな
発売　星雲社（共同出版社・流通責任出版社）
〒112-0005 東京都文京区水道 1-3-30
TEL 03-3868-3275　FAX 03-3868-6588
印刷・製本　株式会社上野印刷所

ISBN978-4-434-32228-0 C0037